桃を煮るひと

くどうれいん

目次

装丁　脇田あすか

挿絵　山﨑愛彦

桃を煮るひと

くどうれいん

カリカリ梅

作家・歌人として活動しながら四年間営業の仕事をしていた。残業続きでへとへとの日、けだるいからだで営業車を運転しながら無性にカリカリ梅を食べたくなることがあった。その衝動はほとんど雷のようにわたしの脳天から食道を貫通して胃に響くのだ（ああ、いますぐわたしにカリカリ梅を！）。そうなればわたしはできるだけ最寄りのコンビニに車を停《と》めてカリカリ梅を買い、それをぼりぼり嚙《か》み砕いた。

カリカリ梅にもさまざま種類があるが、わたしは低カロリーなお菓子としてコンビニで売られる種無しのカリカリ梅が好きだ。赤い着色をされたタイプと青梅のままの無着色タイプがあるが、わたしはやはり赤いものこそがカリカリ梅だと思う。

大抵コンビニで買うカリカリ梅にはチャックがついているが、わたしはそれを一度も使ったことがない。一気に一袋も食べたらからだに悪いかもしれないと思いつつ、なんだって食べすぎれば致死量だ！　と妙に割り切ってあっという間に食べきってしまう。たくさん唾液が出て頰《ほ》っぺたの内側がぎゅっと寄ると、目が覚めるような気がした。

カリカリ梅を好きになったきっかけはよっちゃん食品工業が出している「ウメトラ兄弟」という駄菓子だ。蛍光黄緑の包装紙には顔のついた三つの梅のイラストと中身が透けて見える窓がついていて、その窓からは直径三センチほどの硬そうで真っ赤な梅が見える。どうやら梅の三兄弟を描いているようで、中央の最も大きく赤い梅がりりしい眉毛をして、その両脇に弟たちらしきまつげのかわいい薄桃色の梅がふたつ控えている。

わたしは幼少期からすっぱいものが好きな子供だった。わかめの酢の物や柴《しば》漬けを好んでよく食べていたので、駄菓子屋で「ウメトラ兄弟」を見つけたときも、むんずと摑《つか》んでかごへ入れた。種付きのカリカリ梅は、奥歯をそっと差しこむとめきめきと割れた。あっという間に実を食べきってしまっても種をしばらくしゃぶっていられる。ラグビーボール型の梅の種は先端がすこし鋭利になっていることがあり、舌で転がしながら口内に突き刺さって痛がるのもまたたのしいものだった。歳を重ねるうちに梅好きだった同級生たちの興味は「梅ミンツ」「梅の飴《あめ》」「ねりうめ」「干し梅」と推移したが、わたしは変わらずカリカリ梅のことをいっとう愛していた。

所属していた学生短歌会の後輩とは、くいしんぼう同士でいまでも仲良くしている。なんでもおいしそうに食べる彼女は唯一梅だけを苦手な食べ物としていた。ある日一緒に参加した会合でお弁当が配られると、彼女は「ああ！」と嘆いた。幕の内弁当のご飯の真ん中にちいさなカリカリ梅が置かれていた。梅が苦手なことを知っていたわたしが「もーらい」と箸を伸ばして梅を奪って口へ放りこむと、彼女は「まだです」と睨《にら》む。

「赤く染まったご飯までが梅です」と彼女は恨めしそうに言った。梅が憎けりゃ周りのご飯まで憎い。わたしはふき出すのを堪《こら》えて、窪《くぼ》んで赤く染まったご飯一帯を毟《むし》るように箸に乗せて食べた。

時に、あるものを溺愛している人よりもそれを嫌いな人のほうが本質をしっかり見ているように思うことがある。赤く染まった指までが梅かもしれないと思い、それからわたしはカリカリ梅を平らげるたびに親指もしゃぶっている。

即席オニオンスープ

祖父母が亡くなるのが割と早かったので、わたしは同世代の友人たちよりも多く葬式を経験していると思う。喪主の親族として喪服の上から黒いエプロンをつけて台所で走りまわる経験もおそらく友人たちより多い。さらには十代から俳句会に所属しており、自分よりも五十も六十も七十も年上の「句友」たちがいるので、だれかを悼《いた》む機会はおそらく同世代よりずっと多い。

死は突然訪れる。生きて残されたわたしたちは狼狽《うろた》え、ため息をつき、思い出しながら各々《おのおの》の生活へ還《かえ》ってゆくほかない。何度経験していても、死というものは心の底に鉛《なまり》が沈められるようにさみしい。

祖母が亡くなったとき、葬儀場との打ち合わせだなんだと慌ただしくしているわたしたちのところにトシ子さんは真っ先に来た。トシ子さんは母方の親戚だが、母から何度聞いてもだれのどういう関係に当たる人か覚えられない。トシ子さんは祖母よりすこし年下で、いつもおしゃれな帽子をかぶってにこにこしている。食通でいつもボロニアソーセージや白い帯の巻かれた海苔《のり》やあんみつをおすそ分けしてくれるので、食い意地の張ったわたしはトシ子さんが来ると毎度うれしかった。

祖母が亡くなったとき、喪主である母はちゃきちゃきして見せつつも憔悴《しょうすい》しきっており、わたしはほとんど葬式のことを知らなかった。トシ子さんは「とにかくこれがあれば一応はなんとかなるはずだから」と、大量の台ふきんと握りたてのあたたかいおにぎりを取り出した。それと、と取り出した大きなタッパーにはきゅうりと大根の漬物と、ふきとおかかの佃煮《つくだに》が入っていた。

「あ、これもこれも」とトシ子さんは最後に五食入りの即席のたまごスープとオニオンスープを二袋ずつ置いた。「こんなに」と狼狽えるわたしにトシ子さんは「こういうのはないよりあったほうがいいのよ」とほほ笑み、最後に母の手を握って「大変だったねえ、でも看取《みと》ってもらえてきみちゃんしあわせだったはずよ」と言った。わたしにとって祖母は祖母だが、トシ子さんにとっては「きみちゃん」の人生であったと思うとなんだかそわそわした。手を取られた母は捩《よじ》るように啜《すす》り泣いた。

わたしは泣く母をぼんやり眺めながら葬式までの間にこれだけのおにぎりと漬物と佃煮とスープをどうするのだろう……と途方に暮れた。

しかし、トシ子さんの読みは正しかった。どうして通夜と葬式というものはこれだけ予想外なことが起こるのだろう。来ると思っていた人がもうひとり連れてきたり、来ると思っていなかった人が来たり、来ると思っていた人が来なかったりするのだ。湯呑《ゆの》みはいくら出して洗っても次の湯呑みが必要で、多すぎると思った台ふきんは足りないほどだった。客人とすこし話しこむとなれば箸休めの漬物や佃煮が役に立った。

買い出しに行く元気もないわたしたち親族を、海苔がたんまり巻かれた手作りのおにぎりが癒《いや》した。特に、お湯を注ぐだけのフリーズドライの即席オニオンスープが染みた。深いコンソメのうまみと、すこし濃いくらいの塩気がじんわりとからだに染み渡るようだった。ありがたくて手を合わせそうになった。

それからわたしは憔悴していそうな人には即席のオニオンスープをあげるようにしている。「こういうのはないよりあったほうがいいのよ」と言いながら。

迷ったら炒飯

中華料理屋に行くと、ぶ厚い紅色のメニューを開いた途端我を失ってしまう。どのメニューもどうしたって魅力的で何を決め手に選んだらよいのかまったくわからなくなってしまうのだ。きょうは餃子《ぎょうざ》が食べたいといくら意気込んでいても、麻婆《マーボー》麺、鶏の甘酢炒め、かた焼きそば、回鍋肉《ホイコーロー》、パーコー麺、天津飯、とメニューを捲《めく》るうちにその決意はあっという間に吹き飛ぶ。どれもおいしそう。定食にもできるし単品でもいいしハーフにもできるんですか、うーん。

目がぐるぐるになったわたしはもう収拾がつかない。一緒に入店した相手を待たせるわけにもいかないからわたしには【迷ったら炒飯《チャーハン》にする】というマイルールがある。正しくは【迷ったら五目炒飯か焼豚炒飯かカニ炒飯にし、ふつうの炒飯しかない場合は天津飯にする】である。

カニ炒飯で、と頼んでからもわたしは目の前に座る相手の話などそっちのけでメニューのことを考えている。この注文で果たして最善だったのだろうか。やはり担々麺にするべきだったのでは。いや、エビチリだったのでは……注文し終えてもわたしはメニューを閉じない。アルコールのページを興味深く見ているふりをして「紹興酒もこんなに種類があるんですねえ」などと言いながらこっそり食事のメニューを見ている。

そこで別の客が店員と「麻婆定食、これ辛さ控えめにできますか？」「甘口もできますよ」などとやりとりをし始めると（ぬかった！　辛くて食べきれないことを心配していたがその手があったか！）とついに頭を抱えてしまう。

けれどそうして悶絶《もんぜつ》しながら待って出てきた炒飯に後悔したことは一度もない。大きなお玉で盛られたであろう炒飯の山はひび割れてはらりと崩れていて、ちいさめの白い陶器には澄み切ったたまごスープ、箸休めに小鉢のごまだれのかかったサラダが添えられている。ああ、こんなにも上品で堂々とした炒飯様を前にさまざま別の料理に心惹《ひ》かれたりしてすみませんでした。炒飯にはやはり王様のような風格があると思う。いざ目の前にすると、ははぁ。と思う。

れんげで大きく掬《すく》って頬張ると拳《こぶし》に力が入る。うますぎる。勝手に口の中でほどける米粒、油のうまみ、控えめでも存在感のあるカニのほぐし身。おいしすぎて思わず笑ってしまう。咀嚼《そしゃく》しながら鼻の穴を広げて息を吐く。どうして街の中華料理屋さんの炒飯はこんなにおいしいのだろう。チェーン店や冷凍食品のように過度に塩辛くなく、しかしどうやっても家庭で再現できない味の奥深さがある。メニューを眺めているうちにどれを食べたらいいのかすっかり迷ってしまう中華料理屋ほど、炒飯がたまらなくおいしいような気がする。興奮を抑えようとたまごスープを啜ると、そのおいしさにわたしはのけぞる。

参った参った。こてんぱんにやられて家を飛び出すさるかに合戦のさるのように、わたしはすっかりやられてひれ伏しながらお会計をする。お店を出ようと扉を開けて暖簾《のれん》をくぐりながら「ごちそうさまです、おいしかったです」と言うときのわたしの満面の笑みをどうぞみなさんに見せてあげたいくらい。

次は絶対麻婆麺を辛さ控えめにしてもらって注文しよう。いまはそう誓っているが、どうせ入店してあの紅のぶ厚いメニューを開いた途端、また我を失ってわたしは炒飯を頼むのだろう。

ひとりでご飯を食べられない

ひとりでご飯を食べられない。このことに十年近く悩んでいる。わたしはひとりでご飯を食べに行くことができない。『わたしを空腹にしないほうがいい』という本を出してから、わたしのことを食に詳しく常にいろいろな場所でおいしいものを食べている作家だと思っている人が多いらしい。それゆえ、さぞひとりでいろいろなお店を回っていることだろうと勘違いされているようだが、違う。食に詳しいのはわたしの友人・知人たちであり、わたしはそもそもひとりではご飯を食べられない。

たとえば、仕事で旅先へ行くとする。そこには行ってみたいお店がいくつかあり、今夜営業されているということは既にリサーチ済みだ。その夜ひとりで過ごさなければいけないとなれば、わたしはまず近くに住んでいる友人や知人に「いきなりですが今夜夕食をご一緒できませんか」と連絡する。運よく来てくれる人が見つかれば行ってみたかったお店に一緒に行くけれど、見つからなかった場合は、歯を食いしばりながらコンビニでカップラーメンを買って食べる。ひとりでご飯を食べるときは食べるものが決まっている。日清のシーフードヌードルだ。もっとお腹が空いていれば和風ツナマヨのおにぎりと、海藻系のサラダを追加する。どうしても出先でどこかのお店で食べなければいけないときは、ミスタードーナツの汁そばか、ドトールのジャーマンドックを食べる。ミスタードーナツもドトールもないときは、何も食べない。行き慣れない店に行くくらいなら、食べないほうがずっとましとすら思って、本当に何も食べずに半日過ごしてしまうこともある。

ひとりで気になっているお店に行ってみる、という選択肢はない。どれだけお腹が空いていても、どれだけ行ってみたいお店が近くにあっても、わたしはひとりではお店に入ることができないのだ。挑戦してみようとしたことは何度もある。店先の「きょうのおすすめ」が書かれた黒板を眺めたり、お店の傍《そば》でそのお店の情報を調べ尽くしたりして、大丈夫、さあ、ひとりで入ってみよう、と何度も思った。しかしいざお店の扉に手をかけると、心臓がうちわのように大きく広がって、どきどきとして、できない。

昨年仕事で関西へ行き、大阪でひとりきりだったときは困った。二晩も大阪で自由にできる時間があったのに、大阪で気さくに呼べる友人がことごとく別用で捕まらなかったのだ。大阪には行ってみたいお店がありすぎて、さすがに二日ともコンビニのご飯はいやだった。困って、困り果てて、その前日に京都で開催していた『あんまりすてきだったから』の原画展に来てくれた読者に声を掛けた。大阪在住で、大阪から原画展を見に来てくれたと彼が話していたのを覚えていたのだ。彼は親切に、大阪でおすすめのお店をメールで送ってくれた。とても素敵なお店だったが、そのお店を調べれば調べるほど行きたい気持ちばかりが大きくなり、けれどひとりでは行けないので、だんだんいらいらしてきた。ええい、と、その返信に、

「今夜の夕飯一緒にどうでしょうか」

と送ると、すぐに「ぜひご一緒させてください！」と返信がきた。わたしはガッツポーズをした。思い立って同じくその原画展に来てくださったAndbooksのまさよさんにも声を掛けてみたらぜひ！　とのことだったので、その日の夜は、わたし、読者の男の子、Andbooksのまさよさんという謎の三名でお好み焼きを食べた。お互いに初対面であった。読者の男の子はこうじくんという名前だった。仕事から駆けつけてくれたらしきこうじくんはスーッでへとへとだった。とても暑い夏の日。わたしたちは三人でわたしの目当てのお店に並んで、けしの実がぷちぷちとおいし

いお好み焼きと、ストレート麺がむっちりとうまい焼きそばを食べた。わたしたちはまるで元から知人だったようにわいわいと食事をしていたのだけれど、焼きそばを食べ始めるくらいでこうじくんが突然我に返ったような顔で言った。

「わぁ。いまおれ、くどうれいんさんとお好み焼き食べてる？　どういうこと？　すごい不思議。えっ、すごいな。なんでだろう……」

わたしが誘ったからだよ。と言うと、まさよさんは「いや、読者に突然声掛けて夕飯一緒に食べるって普通の出来事じゃないってば」と笑った。わたしはこんな風に読者を突然食事に誘うことが結構ある。おいしいものがあるのにひとりではそれを食べることができない。それなら誘えばいい！　初対面のまったく知らない人よりも、読者の方ならわたしのことをすこしは知ってくれているはずだし！　という思考回路である。

まさよさんはひとりで食事をすることが苦ではないらしく、どうしてひとりで食事ができないのかと興味津々で尋《たず》ねてきた。「第一に、待っている間や食べている間、どこを見ていたらいいのかわからないんですよ」と言うと、まさよさんは「ヒロイン気質なんじゃない？」と笑った。無意識のうちに常に周りの人を観察しているから、自分も見られているという気持ちがあるのではないか。自分にスポットライトが当たっているから、他人の目を気にしてのんびり食べることができないのではないか、と。なるほど。たしかにそれはあるかもしれない。なにより、まさよさんの明るい笑顔でそう言われると、そうかも！　と思えてしまうのだった。随分うぬぼれというか、ナルシストっぽいような気もしたけれど、気弱なヒロインだと思うことにすれば、それはそれでかわいらしいじゃないかと思った。

そうか、ヒロイン気質だからわたしはご飯を食べるのが苦手なのか。ヒロインにさえならなければ、スポットライトさえ感じなければ、ひとりでもお店に入ることができるのかもしれない。それで、勇気を出してひとりで盛岡の中華料理屋に入った。盛岡市内で仕事の空き時間があり、ちょうど空腹が最高潮なうえ、担々麺をどうしても食べたい気持ちだったのだ。担々麺が人気のこのお店には友人と数度行ったことがあるし、なんなら一度取材にもお伺いしたことがあるし、担々麺ならば出てきてすぐに食べ終えることができるだろう。克服するための舞台は十分すぎるほど整っていると思った。なるべく意気込みすぎないように、立ち止まることなく店の前まで進み、扉をぐん！　と開けた。

「いらっしゃいませ、おひとりさまですか」とにこやかに店員さんは言った。

「あ、はい」と、わたしは人差し指を立てて答えた。

そこからの記憶はほとんど銀色に歪《ゆが》んでいる。

なぜなら、わたしは担々麺を注文して食べ終えるまでの間、目の前の厨房の壁に掛けられている大きな銀色のお玉をずっと眺めていたのである。注文してからスマートフォンを触っているのも感じが悪いかな、と思って、目の前の大きなお玉に、厨房で調理をする料理人さんが映るのをずっと見ていたら、いつそこから目を離せばいいのかわからなくなってしまった。

すぐに提供された熱々の担々麺をひとくち食べると、これがまあ、びっくりするくらいおいしい。わたしはおいしいものを食べると眉間に皺《しわ》をよせ、こぶしを強く握り、背筋を伸ばし「くう」などと声を上げたくなってしまう。どれをやっても奇妙がられてしまうだろうと思い、からだ中にぐっと力を入れて堪えた。我慢、我慢、と念じてお玉に歪んで映る料理人を眺め続けた。麺が細くて硬めでいい！　胡麻《ごま》が濃厚でたまんない！　チンゲン菜の火の通り方、にくいねえ！　言いたいことがこんなにあふれだしてくるのに、わたしは無表情でお玉を眺めながら食べ続けた。苦痛だった。いますぐおいしいと言わせてくれ。ぎゅっと握ったれんげをスープにもう一度差しこみ、飲んで、「だあ！」と言わせてほしい。ああ、こんなにおいしいのならあの子と来たかった、それかあの人、あの人でもいいな。うまいの「う」の字を舌の根っこに無理やり留めながら食べ進めるうちに、なぜわたしはお金を払ってこんな苦痛を味わっているのだろうとすら思った。ああ、おいしいおいしい、それがこんなにつらい。

すばやく食べ終え、ぐったりして店を出た。ずっとからだに力が入っていたので、へんな汗がたくさん出た。ハンカチで首元の汗を抑えながら、大通りを歩いてわたしは理解した。そうか。わたしがひとりでご飯を食べに行くのが苦手なのは、「ひとりでおいしいものを食べるとおいしさよりも悔しさが勝ってしまうから」なのだ。わたしは食事を「おいしさをだれかとぶつけあうための行為」だと思っているのかもしれない。おいしければおいしいほど、その驚きや感動をだれかといますぐ語り合えないことがつらくて悔しくて堪らない。だからひとりきりのときは味をわかりきったご飯のほうがいいと思ってしまうのだろう。ふたりで食べればおいしさも二倍なんてぬるいことを言いたいわけではない。だれかと食べる食事は、おいしさ合戦でありバトルだ。ひとりで食べるとおいしさにぜんぜん集中できず、なんにもたのしくないうえに疲れる。（あの人と食べたらおいしかっただろうな）と思ってしまう食事なんて全部おいしくないのだ。店主と仲良くなって店主と喋ればいい、と言うひともいるかもしれないけれど、わたしはあくまで消費者同士で感動したい。かーっおいしい。意味わかんない、なんだろこのハーブ、ディル？　わたしおいしいハーブのことぜんぶディルだと思ってるよなんて笑い合いながら、きょうこのお店でこんなにおいしいものを食べている事実を、温泉を掘り当てたような気持ちで褒め称え合いたいのだ。

ひとりでご飯を食べるのが得意だったら、きっといまごろあの店にもあの店にもあの店にも行けていたことだろう、と考えることがある。小回りが利けばもっといろいろなお店を手際よく知ることができるだろう。なによりもひとりでご飯を食べることができるひとはかっこいい。そのかっこよさへの憧れは未だにある。ちゃんとした美食家は、きっとひとりで食事ができるひとだと思う。

でももう正直いいや。わたし、美食家じゃなくていい。どんなこだわりのクッキーよりもココナッツサブレが結局いちばんおいしいと思っているし、驚くスパイスの食べ合わせよりも、いまのところは大盛のカップ焼きそばのほうがテンションが上がる。農家育ちだから、からだにいいものはいつでもたくさん食べられるので、このほうれん草がどこ産でも構わない。わたしは一緒に食事をしてくれるだけで本当にうれしくてありがたいと思っている。だから、わたしと食事をするときそんなに緊張しないでほしい。ただ、あなたの好きなお店で、あなたが興奮しているところをもっと見たい。わたしはこれからもだれかのおすすめのお店に行って「へえ！」「うわぁ！」「おいしすぎる！」と鼻の穴をまあるく広げて、おいしさに仰《の》け反《ぞ》りながら食事を続けたい。おいしいと感動して飲んだお酒の銘柄も、サルシッチャが何なのかってことも、出汁《だし》に使った昆布がどこで穫れたかってことも、結局わたしはぜんぜん覚えないのだと思う。けれどゆるして。その代わり、お冷《ひや》のグラスを撫でながら酔ったあなたが「サドルを盗んだ犯人はわたしです」とうその自白をしたりする、そういう会話を絶対に覚えているからね。

だから、どうかわたしをおいしいところへ連れて行って。高くなくていい、こだわってなくていい、あなたがわたしと行きたいと思うなら、そこがおいしいところになる。ひとりでご飯を食べられないわたしがヒロイン気質なら、わたしを連れ出してくれるあなたはすべからくヒーローになる。

頬張ろ

友達の「頑張ろ」というツイートを「頬張ろ」と見間違えた。それ以来「頑張ろ」を見ると「頬張ろ」と変換してしまい、そのつどわたしの脳内で困った顔をした弱気なくいしんぼうが「頬張ろ……」と大きなおにぎりを食べ始める。

ミニトマト

友人に手塚真生《まい》という俳優がいて、彼女の趣味は万年筆と文具である。毎日のようにInstagramに手書きのメモや日記を投稿している。きれいな便箋や万年筆のインクに気を取られてしばらく気が付かなかったが、彼女が記録している毎日の食事の献立のほぼ毎食に「トマト!」と書いてある。毎日毎食トマトを食べるのは、やはり人前に顔やからだを出す仕事だから美容に気を遣っているのだろうか。毎度うれしそうに踊るような文字で「トマト!」と書いてあるので、単純にトマトが大好きなのかもしれない。更新されるたびに「トマト!」を見ていたら、わたしもなんだかトマトを食べたくなってきた。

わたしはスーパーでミニトマトを買い、執筆中に小腹が空いたときお菓子の代わりにそれを二、三個頬張ることにした。これがとてもよい。味が濃いので満足感があるし、いくつ食べても罪悪感がない。野菜室できんきんに冷やされたミニトマトはアイスを食べているような気分にもなる。どれだけ夜中に小腹が空いたとがばっと立ち上がっても、食べ始めたものがミニトマトなら同居人もかわいらしくて許してくれるだろう。ミニトマトがあれば献立に彩りが足りないときもすぐに役に立つ。生で食べてもいいし、フライパンで焦げ目がつくまで焼いて、ミニトマトそのものがじゅくじゅくのトマトソースのようになっているのもおいしい。値段がすこし高いことがつらいけれど、わたしの住む岩手県の産直では夏場になれば恐ろしいほどミニトマトが安くなる。冷蔵庫のミニトマトを切らさないこと。わたしはこころの中でそう誓った。

小学生のころ、夏休みの宿題のひとつに「自分で植えたミニトマトの苗を家に持ち帰って絵日記をつける」というものがあった。青色のバケツのような鉢に苗は植わっていて、そこから薄水色の支柱が四本長く伸びていた。わたしはそのころ祖母の家に住んでいて、祖母の家では田んぼふたつ分くらいの広さの畑で野菜を育てていた。アスパラガス、いちご、茄子《なす》、きゅうり、ピーマン、大葉、オクラ、大根、ねぎ、じゃがいも、キャベツ、白菜、にんじん、とうもろこし、さつまいも、メロン、食用ほおずき、さやいんげん、夕顔、枝豆。野菜はスーパーで買わないどころか、消費するのが追いつかなかった。

玄関のそばに鉢を置いて、わたしはなんだかなあと思った。わたしの、というか、わたしたちが勉強のために植えて持ち帰ってきたミニトマトの苗は、そもそもひょろっと痩せていてあまり元気がなかった。花の数から見ても実の数が少なそうなのがわかった。しかし、ミニトマトなんてうちの畑にはいくらでも生えている。畑のミニトマトたちはこんなに仰々しい支柱がなくても、わたしのミニトマトよりずっと立派な実を三〇個以上つけている。

　わたしは自分の育てた十数個のミニトマトを、赤くなった順にそれはそれは大事に収穫して、大事に食べた。なんだかうれしさよりもまずしい気持ちが勝《まさ》った。物足りなくて、祖母の畑からぱつぱつに膨らんだミニトマトをもぎ取って食べた。祖母の育てたミニトマトは、赤いものに触れるとぼろぼろ勝手に実が落ちてくるほど重く熟していた。Ｔシャツの裾ですこし擦《こす》って頬張った。畑のミニトマトのほうがずっと甘くて元気な味がした。

さくらんぼ

六月下旬。ちょっと郵便局へ行っていた間に宅配便の不在票が入っていて、「あぁっ」と短い声が出た。申し訳ない。岩手在住で東京の出版社とのやりとりが多いため、ただでさえ郵便物や宅配物が多い暮らしをしており配達員の皆様には頭が上がらない。注文したものがあれば在宅するようにしているはずなのだが、何か荷物があっただろうか……不在票をよく読んでみると、クール便で、まみちゃんからの荷物のようだった。

「さくらんぼだ！」

とすぐ声が出て、いそいで不在票の番号に電話をかけ「これ以降はいつでも在宅していますので！」と前のめりで言った。とてもさわやかな声の配達員のお兄さんは「よかったー！　一時間後に行きますので！」と言ってくれた。この時期にまみちゃんからクール便、となればもう、さくらんぼしかないのだ。再配達のお兄さんはやはりとてもさわやかな笑顔のお兄さんで、不在にしていてすみませんとぺこぺこ謝るわたしに「さくらんぼだったから今日中に受け取ってもらえたらいいなと思ってたんですよ！」と言ってくれた。なんてやさしい。お兄さん、わたしも今日中に受け取りたいと思っていました。

まみちゃんは山形に住む友人である。まみちゃんに会いに山形へ行き、一緒にさくらんぼ狩りをしてからというもの、わたしがさくらんぼの季節にしんどそうにしているとこうして送ってくれるのだ。さくらんぼ狩りはとても素晴らしい体験だった。さくらんぼの木がたくさんあって、宝石のようなかわいらしい実がたくさん生《な》っていて、ぜんぶ、わたしが食べていい！　興奮する体験だった。たぶん八〇個くらい食べた。さくらんぼだけでお腹が膨れるのははじめてだった。観光客向けでない、安くて実が大きくていろんな種類が食べられる穴場なのだとまみちゃんは教えてくれた。わたしは夢中になってさくらんぼに手を伸ばした。届かないものは脚立を使って、空に手を差しこむように採った。

クール便で届いたひんやりとした箱を開けると真っ赤なかわいい実がたくさん入っていて、わぁ！　と言ってしまう。まみちゃんの送ってくれるさくらんぼは、果物屋で見るさくらんぼのようにぴっちり並んでいない。わたしはあの工業製品のように実だけ見えるように整列させられたさくらんぼのことをなんだか窮屈そうでかわいそうに思う。

まみちゃんがいつも送ってくれるさくらんぼは仕切られた長方形の箱の中に、もぎたてだぞ！　と言わんばかりのぷくっとつやつやした実がどっさり入っている。あっちこっちに柄《え》を向けて、葉っぱもついていたりついていなかったり、ひとつだけのもの、双子のもの、三つ子のものが見境なく入れられている。その自由で豪快な感じが、あのときのさくらんぼ狩りの豊かな気持ちを思い出させてくれるのだ。

冷蔵庫で冷やすのを待ちきれず、まずはわしっと摑んでてのひらに乗るだけ乗せて食べた。甘酸っぱさが濃くて、太陽をぎゅっと詰めたような元気の出る味だ。つぎつぎと手が伸びる。あまりのおいしさに、口にひとつ入れたそばから次のひとつに手を伸ばしている。一キロのさくらんぼはきっとあっという間になくなるだろう。またまみちゃんとさくらんぼ畑に行って「食べきれないよ！」と言いたいものだ。

トルネードポテト

三年ぶりに盛岡さんさ踊りが開催された。コロナで中止になるまでの数年は笛を吹いて参加していたので、さんさ踊りのない二年間は夏を越した実感がいまいちなかった。太鼓、笛、踊りで集団となって練り歩くのだが、参加団体は地区ごとや会社ごととさまざまである。さんさ踊りの初日、昼過ぎに通帳を新しくしようと入った銀行で、受付の女性が顔から上だけお祭り仕様に髪をセットしていた。彼女もきっとパレードに参加するのだろう。おお、と思う。そうだそうだ。夏祭りの本質は祭りの前のその準備の高揚だ。

夕方のまだ明るいうちからなんとなくそわそわする。学生らしき人たちが浴衣を着て歩いていたり、くじで当たったのか、ビニールを膨らませてできた大きなピコピコハンマーのようなものを抱きかかえてうれしそうな男の子がいたり。街ゆく人がしあわせそうな顔をしている。それだけでなんだか泣きたくなるほどうれしい。

お祭りの屋台の、あかるく賑《にぎ》やかな様子が好きだ。履き慣れない下駄の鼻緒が擦れて痛むのを気にしながら、ソースとわたあめのざらめの混ざったにおいをたっぷりと吸いこむ。太い明朝体や丸ゴシックで書かれた鮮やかな屋台の看板を眺める。踊りよりも花火よりも、屋台に目移りしているときがいちばん「祭り」を感じているかもしれない。わたしにはかわいげがないので、つい原価のことなどを考えてしまってたくさん買って食べ歩くことはほとんどないのだが、さまざまな屋台が並んでいるのを眺めているだけで膨らむこころがある。屋台の焼きそばや唐揚げやじゃがバターが想像を超えておいしかったことはなく、しかしその、ああこんな感じでした、と思い出すような味は舌以上に記憶に染み渡る。

わたしにはこの夏、どうしても食べたいものがある。「トルネードポテト」だ。じゃがいもにらせん状に切れ目を入れて串に刺し、ばねのように緩く巻かれたかたちの、丸ごとのフライドポテト。わたしの記憶では、はじめてトルネードポテトを目にしたのは仙台で大学生をしていたとき、七夕まつりの前夜祭でのことだったと思う。

学生短歌会の仲間たちとお尻が痛いと言いながら花火のための場所取りをして、花火が打ちあがるまでの間、屋台を見て回った。トルネード、という言葉につい目が惹かれた。なんだそれは。屋台にはすごい列ができていた。「芋一個斜めに切っただけで五〇〇円かよ」と、一緒に見ていた友人は言った。わたしもそう思った。

しかし、まるで剣《つるぎ》を得たかのようにじゃがいもの串を掲げる子供たちを見ていると、結構うらやましかった。らせん状に串に絡みつくじゃがいもが、必殺技の波動のようにも見えた。

屋台を見ていると、すこしずつ流行があるように思う。トルネードポテトのあと、タピオカが流行《はや》り、電球ソーダが流行り、チーズハットグが流行った。その間に定番として定着してゆくトルネードポテトを食べてみたいと思っているうちに六年も経《た》ってしまった。今年は見つけたらすぐに買う。きっと、すこしかために揚げられたじゃがいもにはコンソメ味がついていて、串からトルネードを食べるのはやや面倒だろう。それでもいい。わかっていたことを敢《あ》えてするのが夏だ。夏はじれったければじれったいほうがいい。

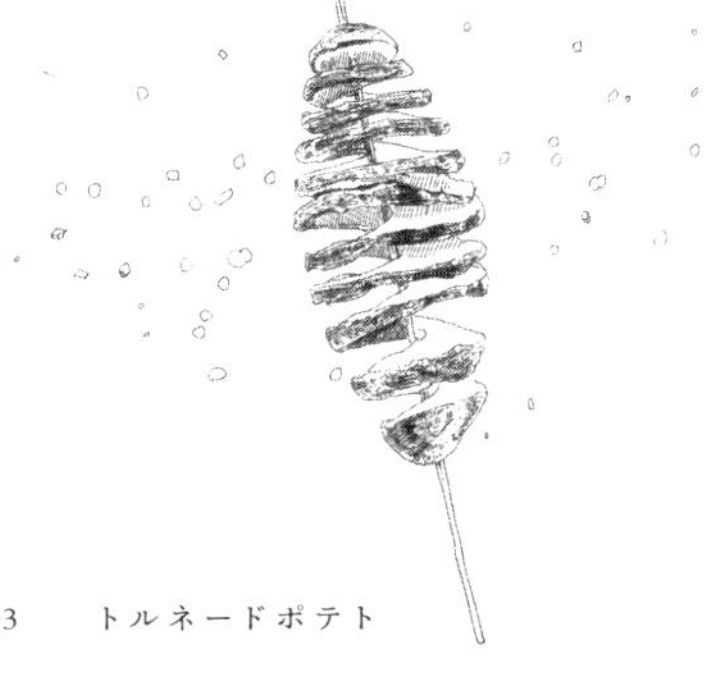

じゃがいもの味噌汁

昔、給食で無理やり食べきらなければいけなかったせいで、味噌汁のことがすこし苦手だ。味噌汁の味や定食における存在感は大好きだ。しかし、味噌汁を食べきるということが難しい。給食の味噌汁は数時間前にたくさん煮込まれて、わかめがぶよぶよ、豆腐がぼそぼそ、野菜がふにゃふにゃだった。健康のために減塩されて作られた味噌汁は病院食のように薄味で、配膳されるうちにぬるくなったそれは、どんな日でも大きな茶碗《ちゃわん》に盛られた。定食屋の味噌汁の三倍はあるような量。どんなに好きな献立の日でも、必ず汁物が最後に残った。

完食してどんどん片付けていく同級生たちの、かしゃん、かしゃん、と鳴る空っぽのプラスチック皿の重なる音をいまでも思い出す。わたしは眉間に皺を寄せながら、味の薄くてぬるい味噌汁を流しこむように食べた。残されたわたし以外の居残りの子は、ブロッコリーが食べられないとか、魚が苦手とかだった。わたしはちいさなころから好き嫌いがなかったので、苦手で食べられないものがあると思われるのはプライドが許さなかった。それで、だれにも苦手だと打ち明けずに毎日無理やり食べきった。家やお店で食べる味噌汁のことは好きなのに、それでもわたしの記憶に「味噌汁を食べきる」という行為が苦行として記憶されすぎて、いまでも味噌汁はひとくち残してしまう。

初めてのひとり暮らしで調味料を買い出しした日、味噌を手に取るわたしに父は「味噌なんか使わないだろう」と言った。部屋が散らかり放題で皿も片付けないずぼらで面倒がりなわたしが、自分ひとりのために味噌汁を作る暮らしをするはずがない。わたしの日頃の行いを見透かした見事な予言だった。しかし、わたしはひとりで味噌をたくさん使って暮らした。部屋は散らかり放題で、皿も洗わずに溜《た》めておくようなひどい暮らしだったが、自炊だけは欠かさなかったのだ。

自分の好きな具で、自分の好きな出汁で、自分の好きなだけ作っていい味噌汁の、なんとうれしいことか。食べたい分だけ食べて、残したら小鍋ごと冷蔵庫に入れて次の食事で食べればいい。具が足りなくなったら、海苔をちぎったりたまごを落としたりすればいい。そうしてわたしは味噌汁を育てるようにして食べ続けた。春菊や三本入りのにんじんや大袋のいんげんが安くなっていて（でも、ひとり暮らしで使い切れるかしら）と思うとき、味噌汁にすればいいやと思って買った。

わたしのいちばん好きな味噌汁は、じゃがいもと玉ねぎの味噌汁だ。これだけはついつい食べすぎてしまうのでたくさん作るようにしている。じゃがいもは大胆に大きくして電子レンジであらかた火を通し、玉ねぎはなるべく薄切りにして入れる。市販の顆粒《かりゅう》だしと仙台味噌をすこし多めに入れる（暑い夏を塩分を多めに取っていい理由にしようとしている）。ほろほろのじゃがいものおいしさと玉ねぎの甘みが脳にじゅわっと染み渡る。崩れたじゃがいものすこしざらざらした舌触りもいい。小《こ》葱《ねぎ》を散らしたり、黒七味をかけたりして食べる。冷やしたじゃがいもと玉ねぎの味噌汁は、夏の暑さに疲れ切ったからだにしみじみと効く。ポタージュスープのようでこれもおいしい。味噌汁を好きな量だけ食べられるようになって、大人になってよかったと思う。

細パスタ

　どうにもこうにも進まない原稿に怒るように唸り続けていた土曜、作業室の戸をほんのすこしだけ開けた同居人のミドリが心配そうにこちらを覗《のぞ》いてきた。

「お昼ごはん作ろうか」

「ああ、ごめん、ああ、もうお昼、ええと、いや、わたしが」

「いえいえ、お仕事がんばってください。きょうは細い男がお昼を作ります。細いフライパンと、細い箸で、細パスタを……」

　サッ。そうして戸が閉まった。細パスタってなに。笑ってしまうと眉間の皺が消え、原稿がちょっと進んだ。

瓶ウニ

牛乳瓶と言われて思い浮かべるのは、懐かしの給食ではなく「瓶ウニ」のことだ。瓶ウニとは初夏からお盆ごろにかけて岩手県のスーパーや鮮魚店などで売られている、牛乳瓶入りのウニである。大抵、蓋には緑色のフィルムがかぶせられていて、氷などにつけられながら売られている。獲れたてのウニをその日のうちに出荷しているので非常に鮮度がよく、うつくしく淡いオレンジ色をしている。ミョウバン不使用なので渋みがまったくなく、（いまの、なんだったんだろう）と深く瞬《まばた》きをしてしまうほど甘く、一瞬でとろけてなくなってしまう。

スーパーで瓶ウニを見かけるようになると、ああ、夏が来たなあと思う。牛乳瓶にウニがびっちり敷き詰められたそれは、もちろん用途にもよるがたっぷり乗せてどんぶり二人前ほどの量が入っていて、三〇〇〇円から四〇〇〇円ほどで売られている。すぐに手に取って買おうと思える値段ではないが、それでもやはりひと夏に一度は味わいたい恍惚《こうこつ》のおいしさだ。

『わたしを空腹にしないほうがいい』という食べ物のエッセイでデビューしたわたしに、さまざまな大人がおいしいものをたくさん食べさせようと意気込んだ。それで何度か東京の海鮮のおいしいお店にも連れて行ってもらった。そこで見るウニは木箱に並べられていて、わたしの知っている瓶ウニのウニよりも黄土色に近い、濃い色をしていた。匙《さじ》で茶碗蒸しや湯葉の上に乗せられるウニは、たしかに濃厚でおいしい。しかし瓶ウニで味わうような、強い風を浴びたような興奮はないのだった。もしこの色と味の濃いウニが世間ではウニと呼ばれているのだとすれば、瓶ウニはまったく別の食べ物だった。せっかく奢《おご》っていただくウニに対して（瓶ウニのほうが……）と思ってしまうことが申し訳なく、それからウニはなるべく岩手で食べることにしている。

　瓶の蓋を開け、ざるにそっとウニを出す。ぎっちり詰められたウニは瓶を逆さにしてもすぐには落ちてこず、揺すってやると、ぐぽ、ごぽ、と音を立てて雪崩《なだ》れ落ちる。炊き立てのごはんを丼に盛り、細切りにした海苔と紫蘇《しそ》を散らす。その上に丸々太った猫の舌ほどある大粒のウニをスプーンですくい、豪快に盛る。食卓に運ぶまでのその過程で何度も「いやーん」という声が出る。あまりにもウニの鮮やかなオレンジ色がうつくしくて、もうぜったいにおいしいことがわかって、身悶《もだ》えながらでないと支度できないのだ。

目の前のウニ丼に深呼吸をし、真剣にいただきますをする。わさび醤油《じょうゆ》をかけて、ごはんの上にたっぷりウニを乗せて頬張る。ああ！　おいしい、おいしすぎる。毎年食べているはずなのに毎年めろめろになってしまう。舌の上のウニは口蓋に押されるとあっという間にふわっととろけてなくなってしまう。甘みと深いうまみが一瞬にして駆け巡り、最後に海の風を浴びたようなほんのすこしの磯の味がする。空のれんげを持ったまま椅子の背もたれにからだを預け、降参です。と思う。なんて贅沢《ぜいたく》なと思いながら次々に食べ進めてしまい、一瞬で完食してしまう。

瓶ウニのウニ丼を食べるたびに、海ありがとう、漁師さんありがとうと思う。わたしが岩手に住み続ける理由のひとつにこの瓶ウニがあると言っても過言ではない。

てのひらで切る

左手のてのひらの、人差し指の第一関節の所に、ぴっ、と斜めに一センチくらいの切り傷ができた。しばらくの間、すべての建物の出入りのたびにその傷に消毒液が染みて声を上げていた。手指消毒の日々の暮らしにおいて切り傷がこんなにつらいとは思わなかった。第一関節の、曲げたり伸ばしたりするちょうどその皺に沿ってできた浅い傷口は何度も治ったり開いたりを繰り返して、遂《つい》に桃色の傷跡となって治った。

てのひらで桃を切ったとき、うっかり指も切ったのだ。夕食にいただきもののおいしいワインを開け、すっかりご機嫌になって冷蔵庫から桃を出した。熟れていたため皮が簡単に剝《む》けそうで、それならまな板はいらないと思ったのだ。種に向かってぐるりと刃を入れて、実を回して皮を剝き、半球になった桃を左手に乗せて、果物ナイフで四等分にしようとした。そこで人差し指を浅く切った。友人に勧められたビクトリノックスのよく切れる果物ナイフだった。皿に盛って、べとべとの手を洗おうとしてからすこし染みることに気が付いて、指を切っているとわかった。

てのひらで切ることは、中学生のわたしにとって憧れだった。教科書や参考書でずっしり重い鞄《かばん》を持って学校から帰ってくるとわたしは毎日はらぺこだった。それで共働きの両親の帰りを待つよりも自分で作ってしまったほうが早いと思うようになった。なによりも自分で作れば好きなものを食べられるのが魅力的だった。

料理をはじめたばかりのわたしは、母が独身のときに切り抜いていた料理雑誌のスクラップブックを譲り受けた。塩ひとつまみが指三本分であること、大根には面取りという面倒な工程があることなどを知りながら、すこしずつ料理のレパートリーを増やした。わたしは料理そのものよりも、料理ができる人の所作に憧れているようなところがあった。「片手で卵を割る」「てのひらで食材を切る」このふたつが、中学生のわたしにとっては非常にかっこよく見えた。卵を片手で割れるようになりたくて何度も失敗して、だし巻き卵ばかり作っていた時期がある。何度やっても殻が入ってしまうので、しばらく挑戦したのちあきらめた。

初めててのひらの上で切ったのは豆腐だった。麻婆豆腐を作るために、木綿豆腐を大きめのさいの目にしなければいけなかった。てのひらの上で切ってみたいのだと言うと、母は「刃を引かずに上から押さえるようにするといいよ」と教えてくれた。いつもまな板に着地する刃先がてのひらに向かって進む。とても緊張したが、うまく切ることができた。たしかに上から静かに下ろせば、てのひらに食いこむように包丁の刃先が沈むだけだった。おお、と思った。豆腐のつめたさを直接摑みながら切るのはぞくぞくした。それからというもの、熟れてやわらかいアボカドやキウイなどもてのひらで切るようになった。

しかし、てのひらで切っていてうっかり手まで切ってしまったのははじめてだった。それでも人差し指の傷跡をうっとり見つめるわたしは懲《こ》りることがないのだろう。てのひらで切り、包丁の刃先のあやうさや水分があふれるような果実の手触りを知ってしまったときから、てのひらで切るたびにこれこそが料理の喜びだろうと十五のわたしがそういってきかないのだ。

キャベツとレタス

ミドリが「なんにも知らない人のふりでもしようかな」と言うので「キャベツとレタスの違いってなに？」と尋ねると「思い切り投げてよく飛ぶほうがキャベツ」と言うので、家の壁がぜんぶ外側にばたんと折れてしまうほど笑った。

手巻きシーザーサラダ

忙しい忙しいと言っている人間は、自ら進んで忙しい人生を送っているくせに「時間がない」などと言う。時間がないのではなく、欲張りなのだ、わたしは。思い返せば中学生のとき、生徒副会長と吹奏楽部の部長と特設演劇部員を務めながら毎晩学校に居残りして文化祭の用意をしていた。あのときからいままで、ずっと「時間がない」と言っている気がする。

大学に通っていたときは授業もそこまで詰まっておらず、そこまで忙しくないはずなのにそれでもばたばたと暮らしていた。寝坊しても間に合うようにと、大学から徒歩十五分、自転車なら八分で行けるマンションを選んだのが間違いだった。どれだけぎりぎりでも間に合うとわかってしまうと、起床時間はどんどん遅くなった。すっぴんに眉毛だけ描いて、ぜえぜえ言いながら講義室に入ると既に教授が教壇に立っていることもままあった。

どれだけ時間がない朝も、わたしは朝ごはんだけは欠かさなかった。遅刻してでも朝ごはんは食べた。お腹がすくとぎょっとするほど大きな音でお腹が鳴ってしまうので、とにかく何かお腹に入れて家を出なければいけないのだった。

そういう朝によく食べていたのが「手巻きシーザーサラダ」だった。常に冷蔵庫にサニーレタスとクルトンとシーザードレッシングを入れていた。クルトンは、割引になったいちばん安い食パンを大きめのさいの目に切り、それをカリカリに焼いたものをまとめて作っておく。寝ぼけ眼《まなこ》で冷蔵庫を開け、サニーレタスを二枚ちぎる。水でじゃばっと洗い、芯の太いところを持ってぶんぶん振り回して水気を切り、左手に二枚重ねて乗せる。そこにクルトンを多めに乗せ、たっぷりシーザードレッシングをかける。くるくる巻いて、そのままシンクの前でかぶりつく。

これがしゃきっとおいしい。ぱりっとしたサニーレタスと大きめのクルトンの噛み応えがよく目が覚める。じゃく、じゃく、と咀嚼《そしゃく》するたびにシーザードレッシングのもったりとしたチーズ味が濃く広がって、飲みこみ終わる前に追いかけるように次のひとくちを口に入れてしまう。三口もあれば食べ終わる。ぱんぱんの頬のまま手を洗い、穿《は》いているパジャマでその水滴を拭《ぬぐ》って、咀嚼しながら眉毛を描く。

すこし余裕がある日はハムを入れたり、粉チーズやプロセスチーズでよりチーズ感を増したりしたこともあった。近くのスーパーで立派なサニーレタスが一株一二

○円のときはずっとそれを食べていた。レタスを噛みしめながら、大きな扉を開くように目が覚めていく。その、ぱーっと目が開いてゆく感覚がたまらなかった。

忙しい忙しいと言っているわたしは、忙しくないと不安なのだと思う。「もう、なんでこんなに予定を入れちゃったんだろう！」と言いながら走り回っているときがいちばんうれしそうなのだ。先日受けた取材のライターさんに「『落ち着いたら』と言っていたらいつまでも落ち着かなくて、いつになったら忙しくなくなるんでしょう」と冗談交じりに言うと「いつまでも。少なくともあと四十年はそうでしょうね。わたしもそうだから」と彼女は笑った。彼女は六十歳を過ぎていて、しかし仕事がよくできる、かっこいい女性だった。

もずく酢のサラダ

ちいさなころから酸っぱいものがとにかく好きな子供だった。二歳のときのアルバムにはきゅうりとわかめの酢の物の入ったボウルに顔を突っこもうとしながら、両手にそのわかめときゅうりを鷲摑《わしづか》みにした写真がある。写真には「酢のものが大好き」と母の字でメモ書きされているが、この血走った目からは「大好き」以上の狂気を感じる。

大人になってからも相変わらず酸っぱいものが好きで、特に、やっぱり酢の物がいちばん好きだ。じゅんさいやタコなどの小鉢で出てくる上品な酢の物もいいけれど、スーパーで三つ一セットで売られている三杯酢のカップのもずく酢が特に好き。もずく酢のパッケージは沖縄を思わせる配色であることが多い。沖縄から遠い岩手の地で、わたしはもずく酢を買うたびに沖縄にすこし思いを寄せる。

カップの安いもずく酢は、もずくがぶつぶつ切れていることも多い。箸で掬うように食べきったつもりでも、最後は出汁の効いた三杯酢に短く切れたもずくがたくさん浮いている。これがもったいないなあと思ってしまう。それで、残った汁もぜんぶ飲み干す。わたしがもずく酢のカップに口をつけて飲み干すところを目撃した母は「ひっ」と悲鳴を上げた。なんでよ。あなたの長女は「酢のものが大好き」なだけなのに。その短い悲鳴が思い出されるので汁をぜんぶ飲むのは我慢することにしたが、捨てるたびにいつももったいないなあと後ろめたい気持ちだった。

暑い季節になると余計にもずく酢が食べたくなる。暑さで歪んでゆく自分のからだを、強い酸味ですっと立て直したいのかもしれない。ここ数年必ず食べているもずく酢のレシピがある。

もやし一袋、きゅうり一本、もずく酢三カップを用意する。もやしは塩水で水から茹《ゆ》で、沸騰したらざるにあげる（流水にさらさない。そのほうがしゃきしゃきになる）。きゅうりは太ければスプーンで種を取り、もやしと同じくらいの太さの千切りにする。もやしときゅうりにカップのもずく酢を汁ごと和《あ》える。白ごまをたっぷりかけて、冷蔵庫で冷やして食べる。もずく酢のサラダだ。

もやしときゅうりのじゃきじゃきした食感に、もずく酢のつるんとしたテクスチャが纏《まと》わりついてするすると食べられる。もったいないと思っていた三杯酢の汁も、これならもやしやきゅうりと絡まって余すところなく食べることができる。混ぜるだけなうえ、お惣菜然《そうざい》としたサラダであることも、なんだか家庭科の授業で作るクラシックな料理のようで好ましい。お好みでさっと湯通ししたにんじんの千切りを入れたり、モロヘイヤやオクラや長芋の角切りを入れたりしてもいい。

秋の風も吹き始めた八月末。立てこんだ原稿の合間にどうしても酢の物を食べたくなってもずく酢のサラダを作った。どんぶりなみなみに出来上がったもずく酢のサラダを抱えて箸の幅めいっぱいに摑んで食べる。頰の内側がきゅっと寄るような酸味がおいしい。じゃくじゃく、しゃきしゃき。さわやかな咀嚼音が頭蓋《とうがい》に響く。

ふと、全身鏡に映る自分と目が合う。左手にどんぶりを抱え、右手の箸をぐわりと摑み頰一杯に酢の物を食べている女。やはり「酢のものが大好き」以上の執着を感じる。三つ子の魂百まで。

んめとごだけ、け

産地で生産者と共においしい食べ物を紹介するようなテレビ番組を見ていると、畑で収穫するシーンで必ずと言っていいほど、

「ぜひそのまま生で齧《かじ》ってみてください」

「ええっ、生で?」

「はい、とってもみずみずしくて甘いんですよ」

などというやりとりがある。普段から生で食べる野菜ならともかく、ふつうは生で食べないような野菜にも、そういう流れがあったりする。農家である亡くなった祖母はもともと口がわるいおばあちゃんだったが、そういうやりとりを見ると「だありゃ、ばかくせ」と、より口がわるくなって、やさしい祖父まで「煮だり焼いだりしたほうが、んめじゃな《おいしいのにな》」と豪快に笑いながら言うのだった。生で食べるよりおいしい方法があるのだから、わざわざ意を決してまで生で食べさせる意味はない。そりゃあそうだな、と幼心に思って、それ以来なんども遭遇するそういった演出を

見るたび「だありゃ、ばかくせ」と思う子供に育った。

夏になると、きゅうり、トマト、なす、ピーマン、しそ、オクラ。畑では一日ごとに恐ろしい量の夏野菜が採れる。とてもではないが、六人家族でも食べきれるような量ではなかった。夕飯前に祖母について畑へ行くと、かたちがいいものだけ収穫して、虫食いのものや、いびつなものは迷いなく捥《も》いでそのまま地面に捨てた。

「んめとごだげ、け《おいしいところだけ食べなさい》」

と、よく言われた。作ってくれた人に感謝して、食べ物は粗末にしない。と小学校では習ったが、その真逆のことを生産者である祖父母が言うので、不思議な気持ちがした。食べ物を慈しみ、向き合って暮らすとはどういうことなのだろう。それからしばらくしても、わたしは「食育」や「オーガニック」とどのように向き合えばいいのか、なんとも複雑な気持ちになるのだった。

しかし、仙台の大学へ進学し、ひとり暮らしをしていたある日。夏の厨《くりや》で三角コーナーを片付けるとき、その一瞬の臭いにはっとした。晩夏の畑には、腐乱した野菜が置かれた場所があったことを突然思い出したのだった。畑の隅には鳥にやられたすいか、育ちすぎたきゅうり、色の変わったピーマン、収穫の終わった野菜の蔓《つる》や茎などが山のようになって、とても鮮やかに、朽ちていた。夏の気温に曝《さら》されて、

2024年度 ミシマ社サポーター募集中!

ミシマ社は2013年より出版活動の一部を読者の方々に支えていただいております。みなさまからのサポーター費でウェブ雑誌「ミシマガ」(自社メディア)の運営や、新規プロジェクトの立ち上げ、新卒採用など、紙の本を次の世代へつないでいくための様々な取り組みを行っております。サポーターは年度ごとの更新で、期間中はミシマ社からささやかな贈り物をお届けしています。くわしくはミシマガやHP等のサポーターページをご覧ください。

www.mishimaga.com

の歴史を知ることは大切です。
それは自国の良さを学ぶだけでなく、
面を知り、今、世界で起こっていること
考えうる。その想像力をもつこと抜き
や世界史の学び方は間違ってる。
者による対話を目の当たりに
とを痛感しました。自分は何を
か? と反省せずにいられませんでし
新しい世界史の第一歩になるこ
く強く願います。 三島

今月の新刊

『中学生から知りたい パレスチナのこと』

☆ 3つの分野の研究者による対話の本

- 岡真理さん…アラブ文学、思想を専門。パレスチナ問題にも長年向き合っていらっしゃる。
- 小山哲さん…ポーランド史、中東欧史。
- 藤原辰史さん…ドイツ現代史、ナチズム、食と農の歴史。

【装丁】寄藤文平+垣内晴(文平銀座)

本書は、パレスチナ問題をひもといた上で、私たちの歴史観そのものを問う一冊です。これは中東の国で起きている、中東の国の問題ではなく、ヨーロッパの問題である。岡先生の提起に、ヨーロッパ史を専門とする二人の歴史学者が応える形で議論はすすみます。この地の歴史と、イスラエルの成り立ちから見えてくる、近代ヨーロッパの植民地主義、人種・民族主義の問題。しかしそれはそのまま、かつてのアジア諸国における日本の在り方が問われることでもあります。パレスチナの人々にとって、このジェノサイドの終わりが本当の意味での「平和」なのか? 私たちが学んできたのは本当の意味での「世界」史だったのか? 現代日本で人文学に携わる3人の先生たちと考えます。

あわせて読みたい!

『中学生から知りたい ウクライナのこと』

小山哲、藤原辰史(著)

「黒土地帯」、「第二次ポーランド分割」、「コサック」…教科書にのっているこうした用語の背景には必ず、そこに生きる人々の暮らしや土地の歴史があります。「地べたに立って」歴史学の視点からウクライナについて考える一冊です。

水　木　金

水

『日帰り旅行は電車に乗って〜関西編』細川貂々（著）

関西の電車はローカル線がおもしろい！個性豊かな列車と、沿線のおでかけ情報を、親子旅マンガで紹介します！

木

『教えて！タリバンのこと』内藤正典（著）

中東地域の争いの根本にあるものは何か？「タリバン」とはどんなグループなのか？暴力や分断の前に、まずは相手を知ることから始めてみませんか？

金

『声に出して読みづらいロシア人』松樟太郎（著）

ロシアの偉人、著名人らを、その人の名前の成り立ちと共におもしろおかしく紹介する一冊。笑って読んでいるうちに、ロシア語についてちょっとだけくわしくなれます。

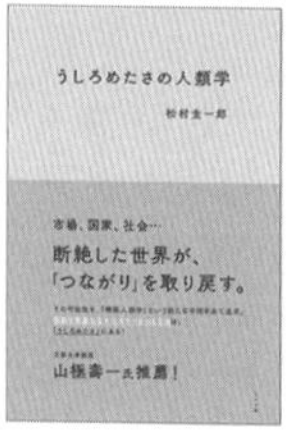

水

『数学の贈り物』森田真生（著）

古今東西の数学者や哲学者、偉人らの言葉を引用しながら、「生きる」ことへの探究をつづった随筆集。数学＝数式のイメージが変わります。

木

『木のみかた』森の案内人・三浦豊（著）

街中にも、自分ちの近所にも、ちょっと立ち止まって見渡せば、森の気配を感じられる場所はたくさんある！よく見かけるあの木この木を、写真つきで解説。

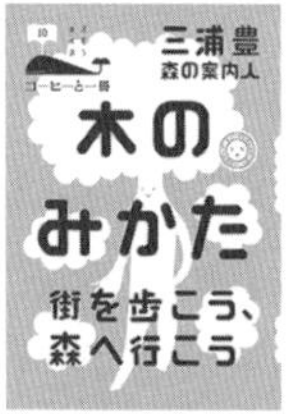

金

『銀河鉄道の星』 ←※アジカンのゴッチさん

宮沢賢治（原作）、後藤正文（編）、牡丹靖佳（絵）

「銀河鉄道の夜」を含む3作を、原作の言葉のリズムや詩情はそのままに、現代の読者に向けて再編集しました。

…体』

…（著）

…校時代 …ーツ科 …おさま …ます。

水

『イナンナの冥界下り』安田登（著）

世界最古の神話「イナンナの冥界下り」には、現代とは価値観の異なる、むしろ今の時代を先行く思想がかくれている?!「女性」の描写を中心に読んでいきます。

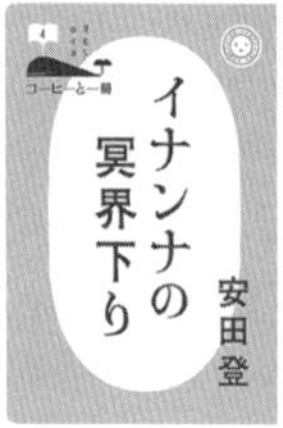

木

『ビボう六』佐藤ゆき乃（著）

千年を生きる土蜘蛛の怪獣ゴンスと、現実の世界で将来や人間関係に生きづらさを感じている小日向さん。とある夜、京都で出逢ってしまった二人の運命は──？（※小説です）

金

『思いがけず利他…

中島岳志（…

誰かのためを思ってや… その行為はすべて「… 的であると言える… 利他の可能性… 穴について考察…

水

『選んだ理由。』石井ゆかり（著）

仕事、進学、結婚…人生の岐路に立ったとき、「何を」ではなく「なぜ」それを選んだかに、その人らしさが見えてくる──。7人の人生の物語。

木

『おむすびのにぎりかた』宮本しばに（文）、野口さとこ（写真）

作り方も、味つけも、シンプルだからこそ、にぎった形に、味に、その人らしさがあらわれるおむすび。様々な職業の方のおむすび物語です。（レシピもついてます！）

金

『ぽん… のば… ♪

… ふ… にする… みをひもとく。

B

C

自国の… しかし、負の側… と重ねて… の歴史… 三人の学… して、その… 学んできた… た。本書か… ともに…

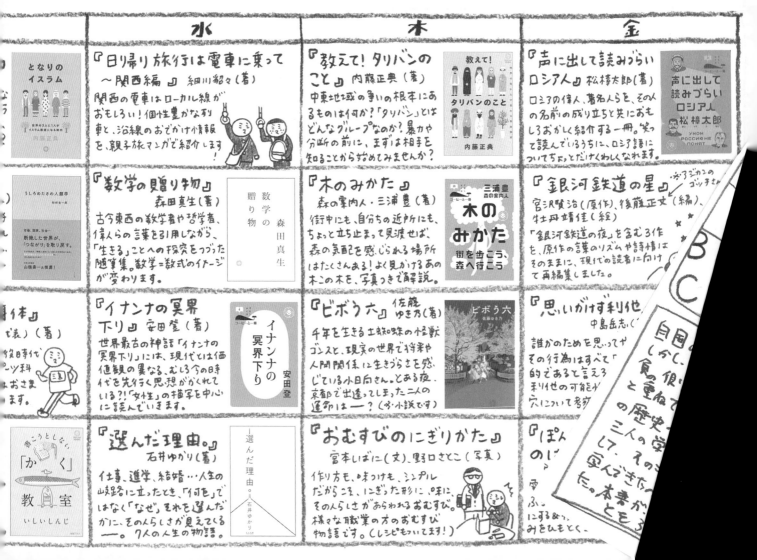

それらはむわりとした臭いを発したが、不思議と、いやな気はしなかった。ああ。濡れた手で厨に立ったまま、わたしは思う。農業をやるというのは、四季の中でそういう巨大な腐敗をなんども見ることではないか。いつかは腐敗するものの中から、自分が食べるものを選んで、捥ぎ取るということの繰り返しではないか。

いずれすべて朽ちる。そうであればなるべくおいしいところを選んだほうがよい。「んめとごだげ、け」。わたしはその一言に、何か人生にも通じるような大きなメッセージを感じずにはいられない。

桃を煮るひと

年に一度あるかないかの頻度で桃を砂糖で煮ることがある。桃というそれそのもので完璧においしい果物なのだから、なるべくは生でそのままいただきたいのだが、あまり味が無い桃にあたったときや、切り終えるまでに果汁がずいぶん出てしまいそうなほど熟していたり、茶色く傷んでいるときは煮ることにしている。煮て、濾《こ》して、桃シロップにして飲むヨーグルトで割るのが好きなのだ。もったりした飲むヨーグルトの中にすこし果実の繊維を感じて、桃のにおいと甘さがきゅんと舌に着地する。市販の「桃味」の飲むヨーグルトとはまた一味違った、フレッシュなおいしさがある。

五年ほど前、初めて正社員として働きだした夏、実家に住んでいたわたしは二十三時ごろ思い立ったように桃を煮た。説明できないけれど今晩はどうしても桃を煮るべきだと思ったのだ。そのころのわたしは生活と労働のバランスがうまく摑めておらず、火がついたように唐突に料理をし始めることがあった。青果店で投げやりに割り引かれていた桃を買い、手で崩すようにして煮た。

するとと寝室から水を飲みに降りてきた母が背後から近づいてきて「なんだ、恋か」と言った。いきなり何ですか。木べらで鍋底をかき混ぜながら慄《おのの》くと、「若い女が夜に桃を煮ていたら、恋でしょうが」と言ってきた。恋をしていたにはしていたので「まあ、恋ですけど」と答えた。ふつふつ煮える桃をしばらく後ろで見ていた母は、おやすみの代わりのように「桃を煮ているなあ」と言って、寝室へ上がって行った。

今年、秋田県横手市十文字町のほそかわ農園さんの桃をひと箱いただいた。人生の中でいちばんと言っていいほどうまみが濃く、香りも濃く、はち切れるほど大きくずっしりとした桃だった。何個かを食べるときわざとぶ厚く皮を剥いて、六個分の桃の皮と種と実を砂糖で煮た。色の濃い桃だったのですぐにシロップはきれいな桃色になった。ゆっくりと鍋底をかき混ぜていると、コーヒーを飲んでいた同居人がしずかにこちらへ歩いてきて言った。

「桃を、煮ていますなあ」

わたしが知らないだけで、桃を煮ているひとを見たら「桃を煮ていますね」と言わなければいけない決まりでもあるのだろうか。わたしはおかしくてふきだしながら「桃を、煮ています」と答えた。ざるで濾している間、熱いシロップの入ったカラフェを冷やしている間、(そうです、わたしはいま、桃を煮ています。桃を煮ているひとなのです)と思った。鮮やかな色のシロップは飲むヨーグルトと混ぜるとのんびりとマーブル模様を描いた。

その次の日、何気なく訪れたパン屋で妙に嗅いだことのあるにおいがした。うっとりと凭《もた》れるような甘いにおい。桃だ。厨房のほうに目をやると、大きな鍋で桃を煮ているようだった。桃のデニッシュにでもするのだろうか。額に汗をかきながら、大きな鍋に大きなへらを差しこんで混ぜている。わたしはトングを持ったまま、桃を煮ているひとをじっと眺めてしまった。それで、思ったのだ。(桃を煮ているなぁ)と。

桃を煮ているひとには抗えない魅力があるのかもしれない。桃を煮ているところに遭遇してしまったが最後、人は催眠術にかけられたようにそこに立ち止まってしまう。

焦げちゃった

暮らしていくと、あれれ、およよ、と立て続けに物事がうまくいかず、不貞腐《ふて》れてしまうような日が時々ある。スナック菓子を思い切り食べる？　とにかくいったん仕事に集中する？　大浴場に行く？　カラオケで思い切り歌う？　二十代の後半ともなると、自分の不調をすこしでも前向きにするために効果的ないくつかの選択肢が浮かぶ。

しかし、どれも気分ではないときもある。そういうときはもはや「ご自愛」自体が癪《しゃく》なのだ。とにかくいま不貞腐れていたい。不機嫌でいたい。どうしてこんな目に遭わなければいけないんだろう。世界でいちばん自分がかわいそう。そう泣き出したくなるとき、わたしにはひとつ、やることがある。Twitter 検索で「焦げちゃった」と検索するのだ。

するとまあ、出てくる出てくる、数々の「焦げちゃった」人たちとその料理写真。リアルタイムに、いま日本のどこかで夕食を焦がしている人たちの投稿が出てくる。

「卵焼き焦げちゃった」「ぼーっとしてたらお好み焼き焦げちゃった」「れんこんの挟み揚げちょっと焦がしちゃった！」「クッキー焼いたけど何個か焦げちゃった」「お弁当作ったけどハンバーグは焦げちゃった」

眉毛がつながってしまうほど不貞腐れて顔をしかめたわたしは、それを黙々とスクロールして読み進める。だれかの失敗で元気を出すなんて性格が悪いと思うだろうか。しかし、自分の不出来に落ちこむとき、ポジティブな励ましよりもだれかの失敗談に励まされる夜もあるだろう。

「焦げちゃった」という投稿と共に載せられる写真は多種多様でたいへんたのしい。たくさんのうつくしいおかずが並ぶ豪華な食卓の中のちっとも焦げているように見えない唐揚げ。一緒にいたらあーあと笑いだすほど真っ黒なトースト。あともうちょっと火から早く下ろしていればという悔しさが伝わってくる黒焦げの餃子。これくらい焦げているくらいがおいしいじゃんと思うような鯵《あじ》のみりん干し。もはや黒光りして鉄球のようにつやつや焦げているホットケーキ。次々読み進めるうち、「ぜんぜん焦げてないじゃん」「これはさすがに」と画面の向こうの人に勝手に声を掛けていて、いつの間にか自分のかなしみが萎《しぼ》んで元気が出ていることに気付く。

実はこれ、「焦げちゃった」という言葉がポイントだ。「焦げた」「焦がした」で検索すると、打って変わって落ちこんでいる人たちの投稿ばかり出てくるから、見ていて余計に落ちこんでしまう。不思議なものだ。どう見ても食べられないくらい焦げているのに「焦げちゃった」とお茶目《ちゃめ》に投稿できる人もいれば、たいして焦げているように見えないのに「焦がしたマジで最悪」と投稿する人もいる。「焦げちゃった」と書く人たちは「でもおいしかった」とか「でもおもしろいからＯＫ」と前向きな言葉を付け足す傾向がある。

「焦げちゃった」という語尾に表れる、てへへという空気にうっとりする。てへへ、と暮らしたいものだ。わたしも、どれだけ焦がしても「焦げちゃった」と笑える人間でありたい。きょうも日本のどこかでだれかが夕食を焦がしている。ありゃりゃ、と言いながら投稿される「焦げちゃった」にわたしは救われている。

ねずみおにぎり

結局世の中でいちばんおいしいのは炊きたての白飯ではないだろうか。と、熱々の炊きたてご飯を頬張りながら思う。

夕飯の支度をしている最中に炊飯器の炊きあがりを知らせる音楽が鳴ると、わたしは何をさておいても手を洗いだす。右手の人差し指の腹に塩をつけ、左手の腹にその塩をつける。湯気のあふれ出す炊飯器の蓋を開け、しゃもじで二口分ほど掬い上げたご飯を手に乗せ、熱さにほっほっと言いながら右手と左手を行き来させ、そうしてちいさなおにぎりをつくる。一辺が四センチくらいのおにぎりはつやつやと光っている。

おおきなおおきなダイヤモンドを査定する鑑定士のように、わたしはてのひらの上のちいさなおにぎりをぐるりと眺める。それから半分かぶりつく。強めの塩気を感じるや否や、おにぎりの中の熱い米粒が口の中に広がる。はふ。はふ。と言いながら、追いかけるように残りの半分を頬張る。熱さにじんじんするてのひらを水道で流し、何食わぬ顔でまた夕飯の支度を再開する。

この、台所で作業をいったん中断して作る炊きたてのちいさなおにぎりがわたしのいちばん好きな食べ物かもしれない。味付けは塩だけなのに、もっともっと食べたくなるおいしさだ。

中学生のとき、お腹がへりすぎてこっそり炊飯器の前で作って食べてから、わたしはこのおにぎりの魅力にすっかりはまってしまった。おむすびころりんのねずみが喜んで食べそうな大きさだから、はじめのうちはこころの中で「ねずみおにぎり」と呼んでいたが、だれにもばれないように作って食べるこのおにぎりをよそで呼ぶ機会はなく、ねずみおにぎりと名付けたこともしばらくはすっかり忘れてしまった。

きのう、久しぶりにねずみおにぎりが恋しくなって、もう我慢できなくなってひとりしかいないのにお昼に思い立って二合も炊いた。残り四十分、二十分と減っていく炊きあがりまでの時間を待ちきれなくて、炊飯器の前を通るたびに時間の表示を確かめた。ひさびさにねずみおにぎりを食べたくてたまらなかった。残り二分からは炊飯器の前に待機して、炊きあがりの「きらきら星」のメロディの一音目が鳴った瞬間に蓋を開けた。

ひさびさに食べるねずみおにぎりは、やっぱりどうしてこんなにと思うくらいおいしかった。濡《ぬ》れた両手のままシンクの前でかぶりつくちいさな塩むすびの、しっかり立った米粒の甘さ、それと伴走する塩のしょっぱさ、旨味！

わたしはおいしくて笑ってしまいながら、手をもう一度濡らして、ふたつ目を作ってすぐに食べた。ふたつ目でもまったく色褪《あ》せないおいしさ。おいしすぎる。「千と千尋の神隠し」で千尋が泣きながら食べていたのが塩むすびなのも頷《うなず》ける。手を濡らして握っては食べ、また手を濡らしてと繰り返してあっという間に六つ平らげるころには炊飯釜のご飯が半分以下になっていた。

そんなに食べるなら最初からおおきなおにぎりにすればいいじゃないかと思わないこともない。けれど、ねずみおにぎりは足りないくらいちいさいからいいのだ。ご褒美はちょっと物足りないくらいのおおきさがいちばん贅沢だと思う。ねずみおにぎりは台所に立つすべての人間へのご褒美だ。

はんぺんを探して

ボイル海老をたくさんいただいてなるべく早めに食べきる必要があったので、一度も作ったことはないのだが海老カツを作ってみようと思った。つい先日ずっとほしかった揚げ鍋を購入したばかりで、わたしはとにかく揚げ物をしたかった。調べてみると、生の海老の場合はそのままミンチにして一〇〇パーセント海老の海老カツを作ることができるが、ボイル海老の場合ははんぺん等をつなぎにするのがよさそうだった。その日は朝から夕飯の海老カツのことばかり考えていた。衣がガリっとして中がぶわっとした、海老を贅沢に使った海老カツを作って、オーロラソースにたっぷり刻みパセリを入れたものを好きなだけかけて食べる。何度も工程のイメージトレーニングをした。俵型の海老カツより小判型の、それももうほとんどまんまるいかたちが良いだろう。

海老カツを作るためにははんぺんが必要だった。とにかく早く海老カツを作りたかったので、帰宅してから買い物に行く手間のないよう、仕事の合間を縫って輸入食品が多く売られるスーパーに行ったが、はんぺんはなかった。じゃこ天とちょっといいかまぼことなると冷凍の生麩《ふ》は売っているのに、はんぺんは売っていなかった。惜しい気持ちで、こういうときは逆にコンビニにある場合もあるぞ、と向かったが、数種類のかに風味かまぼことおつまみ用の笹《ささ》かまぼこがあるだけで、はんぺんがなかった。

　こうなってくるともうむきになって、昼休憩を使い果たす覚悟ですこし歩いたところにあるちいさめのスーパーへ行ったが、やはり、はんぺんがなかった。白くて四角い！　と思うとお豆腐コーナーだった。なぜ！　わたしは叫びだしたくなった。年に何度も食べることのないはんぺんだが、探そうと思えばすぐに手に入るものだと思っていた。昼休憩はあきらめて、大人しく帰宅途中の大きめのスーパーに寄った。ちいさめに作られたおでんコーナーに、はんぺんがあった。わたしはいますぐはんぺんを抱きしめたいような気持ちで手に取った。久々に手にするはんぺんは思った以上に軽く、「かるっ」と声が出た。

　まな板の上にボイル海老をめいっぱい広げて、できるだけ細かいみじん切りにした。はんぺんは手でつぶして、ハンバーグの肉だねを作るときのように、切ったボイル海老と揉みこむようにして混ぜた。海老が多かったのか思ったよりもまとまらなかったので、片栗粉を大匙《さじ》2ほど付け足して、さらに揉みこんだ。にちにちと粘り気のある音がしてきて、わたしは鼻の穴を膨らませながら成形した。イメージ通りまんまるの小判型にして、海老カツは大きいのが六つ、ちいさいのがふたつ出来上がった。

揚げ鍋に入れた油を熱し、ちいさなボウルにバッター液を作り終えたわたしは絶叫した。

「パン粉がない！」

はんぺんばかりに気を取られた。きょうがこの台所での初めての揚げ物で、パン粉を使うのも初めてだった。パン粉がない。だってそもそも買っていないのだから。わたしは台所に座りこんで絶望した。完全にぬかった。しかし、絶望してもパン粉が湧き出てくるわけではない。すぐに買いに行かなければ。おのれ。愚かなわたしよ。しかしもう立ち上がるしかあるまい。とにかくわたしは今夜、海老カツを食べたいのだ。

小葱が太いとゆるせない

くどうさんは食に対するこだわり何かありますか、と聞かれて、本当に勘弁してくれと思った。わたしは美食家ではない。「こんなの食えんわい」とちゃぶ台をひっくり返す面倒な人だと思われているような気がしてショックだった。「大盛と激辛は食べきれないのでもったいないような気がしてしまってあまりうれしくありません」と答えたものの、それから先しばらく考えた。わたしは食へのこだわりが何かあるだろうか。

それからしばらくしたある日、夕食の皿をふたりで洗い終えた後に、わたしは小葱を一束すべて小口切りにした。東北ではスーパーで「スリム葱」として一〇〇円くらいで売られている細くて青い葱をまとめて小口切りにしてタッパーに入れて使うのが、ひとり暮らしのときからの習慣なのだ。いちいち一本や二本取り出して切るのは面倒なのでなるべく買った日のうちにまとめて切る。そうすると、味噌汁や卵かけごはんや炒め物に、思い立てばいつでも好きなだけ使うことができる。最初は悪くなるのが怖くて冷凍していたが、ふたり暮らしだと冷蔵でも案外すぐに使い切ってしまう。小葱を切る作業は着手するまでが面倒でもいざ始まるととてもたのしい。根元の白いところから先の青いところまで切り終えた葱がグラデーションのようにまな板に残るのがうれしい。そろそろ切り終えるころになって、

「おお、うつくしい。れいちゃんは葱を本当に細かく切るねえ」

と後ろから覗きこんできたミドリが感心する。

「細かいかなあ」

「細かいよ、料亭みたい」

「だって、おいしいお店で小葱が太かったことってないんだもん」

そう答えて、げっ、これはかなりいやなやつではないか。と我ながらとてもびっくりした。いまわたし「こんなの食えんわい」とちゃぶ台をひっくり返しそうな顔をしているかもしれない。おそるおそる顔を上げるとミドリは（でました、れいちゃんのそういうところ！）と言いたげににこにこしている。

そうか、わたしの食へのこだわりはこれかもしれない。小葱が太いとゆるせないのだ。わたしは自分で切るとき、葱をできるだけ細かく小口切りにしている。左手で葱を揃えて束にして押さえつけながら、蕎麦職人がそばを切るときのように、み

ちっ、みちっ、と切る。細かければ細かいほどできたての炒め物の蒸気でも火が通るような気がして、生のままのせても食べやすいのがよい。わたしは生の葱や玉ねぎのツンとした匂いがあまり得意ではないので、食べたときに葱くさくないようにしたい、というのが最初だった。

自炊をはじめたてのころ、とにかく「切る」という作業が億劫《おっくう》だった。細く切るというのが特に面倒で苦手だった。しかし、あらかじめカットされた葱はとても割高だったので葱だけは面倒でもまとめて切っていた。いちばん最初に葱をたくさん切ったときはとても時間がかかった。切られた葱はあちこちに散らばるし、切り口がぜんぜん揃わずに分厚かったり細かったりするし、手首に力を入れすぎて疲れてしまうし散々だった。途中から、もう細かく切ることをあきらめて二、三センチ幅で切って終わろうかと何度も思った。しかし、切り終えてまな板の上で白から黄緑、深緑とグラデーションになった葱を見て興奮した。幅にばらつきはあったがきれいだったのだ。うれしかったのでスマートフォンで写真を撮った。なんというか自炊、健康、いまそれをわたしはしている。そういう自信に溢《あふ》れた。その日、お椀に盛り付けた味噌汁に葱をたくさん入れて食べた。お椀が緑色でぱっと鮮やかになるのがうれしかったけれど、火を通していない根元に近い部分はすこしツンとした。

それからというもの、わたしはまた白から深緑のグラデーションになったまな板を見るために定期的に小葱を買ってはせっせと小口切りにするようになった。途中でやめたいと何度も思いながら、それでも一息に切り終えては写真に撮ってを繰り返した。二〇一六年に切った葱の写真と最近切った葱の写真を見返すとその細かさはぜんぜん違う。六、七ミリくらいだったものが二、三ミリになっている。慣れというのはすごい。左手でうまく葱をまな板に押し付けられるようになると切る速度も速くなってきた。ただ、葱を切る日の集中力によって全体的にすこし厚めの日と、とことん細かい日がある。疲れていると三ミリくらい、元気だと二ミリくらい。何か大きな怒りを抱えている日だと、根から先まできれいに一ミリくらいで揃う日がありそれはそれで怖い。小葱を切ると自分のそのときの精神状態がわかる。わたしはもう、小葱はとにかく細かい小口切りにしないと気が済まない。

たまにおいしい居酒屋さんに連れて行ってもらうと、その冷奴の上にのせられた小葱の細さに感嘆する。手の込んだ大衆居酒屋の酢もつでも、町中華のスープでも、おいしいお店で出てくる小葱はいつも細かいような気がする。「おいしいお店は小葱が細かい」。それがわたしのジンクスになった。お会計がすこし高くても(でも小葱細かかったもんな)と思うのだ。

わたしは自分を美食家だと思わない。こだわったものや高いものがとびきりおいしいこともあるかもしれないけれど、それよりも出来立てであたたかいことや、一緒に食べる人とどんな会話をするかのほうがずっと大事だと思っている。そもそも、いま世の中に売られているごはんはだいたいすべておいしいと思う。だれかがお仕事として一生懸命作ってくれている以上、どんな食事を出されてもおいしいですとにこやかに食べる自信がある。

けれど小葱。小葱だけはそうではないかもしれない。一度、一二〇〇円くらいするワンプレートランチに出てきたローストビーフ丼の上に乗っている葱が五ミリくらいの厚さでがっかりしたことがある。お金を払うのに自分よりも細かくない葱を出さないでほしい。そういう種類のたいへんわがままな怒りがこみ上げてきた。とてもおいしいランチだったはずなのに、(だって葱太いもんな)の一点だけでローストビーフもいまいちだったような気がしてしまった。(一二〇〇円なのに小葱細かくないんですか?)とわたしは最後まで思った。

これからは「食へのこだわりはありますか」と聞かれたら「小葱が太いとゆるせません」と答えてしまうのかもしれない。

安納芋と金木犀

苦手な食べ物を尋ねられると、大抵「お皿と箸以外は食べられます」と答えている。アレルギーも嫌いな食べ物もなく、おおむねすべての食事、食材をたのしむことができているのはありがたいと思う。

しかし、嫌いな食べ物がないわたしにも「みんなが喜ぶほど喜べない」食べ物はいくつかある。出されたら食べることはできるが、そんなにうれしくないのだ。折角《せっかく》わたしにおいしいおいしいと食べてほしくて出してくださっただろうに「まあ、はい」という反応をしてしまっては失礼だろうと、すこし無理しておいしそうに食べる。

世の中はすっかり焼き芋ブームである。焼き芋専門店がたくさんできて、まるごと焼き芋を使ったブリュレやらスイートポテトやらさつまいもプリンやらに、みな喜んで並んでいる。白状すると、わたしは安納芋が苦手だ。

（これが、さつまいも……？）安納芋を初めて食べたとき、栗ともはちみつともつかない独特の甘さとその味の濃さにわたしは困惑した。何度咀嚼しても歯が埋もれるほどの、干し芋を練ったような逃れられない粘度にも参った。安納芋の、あのねちょねちょしたしつこい甘みに胸焼けしてしまう。安納芋を使った限定もののお菓子も苦手だ。貰《もら》ったら「えー！　ありがとう！」と言って食べるが、（うわぁ、安納芋ってかんじ……）と咀嚼しながらどんどんテンションが下がるのがわかる。

マスカット界に現れたシャインマスカットのように、安納芋はさつまいも界に突如現れ、王冠をつけてすっかりふんぞり返ってしまったように思う。普通のさつまいもがいいのにな、とわたしはいつも切ない。安納芋は安納芋であってさつまいもではないと思っている。世の中の多くの人が安納芋をありがたがっているので、ありがたいものとしていつ貰うことになるかわからず、内心ひやひやしている。

みんながありがたがるものとして、秋には金木犀《きんもくせい》の香りがあると思う。金木犀の香りに気づいた者はだれしもツイートしたりちょっと好きな人にそれをLINEしたりする。化粧品や香水にも限定の金木犀の香りが作られて、秋の哀愁をまるごと香りにしたような、胸をきゅんとさせる香りとして愛されている。

秋のここちよい風に乗って金木犀の匂いが押し寄せてくると、わたしは眉間に皺を寄せて息を止める。辛抱……と思う。マスクの中まで浸透してくる金木犀の匂いを、大きく深呼吸をして追い払う。

金木犀が苦手になった理由はよく覚えている。幼稚園生だったわたしは工作が好きだった。折り紙を貼り合わせるためのでんぷん糊《のり》のテクスチャが妙に好きで、わたしはカーテンに隠れてこっそりそのでんぷん糊を食べていた。おいしくないのに、めためたした舌触りがおもしろかったのだ。そうしてでんぷん糊を舐《な》めすぎて吐いた。その糊の香料に金木犀が使われていた。金木犀の匂いを嗅ぐたびに、そのときの胃の底がせりあがる感覚が蘇《よみがえ》る。

安納芋と金木犀が苦手だと言うとこだわりが強くて面倒くさそうなやつだと思われそうで普段は黙っているが、ここぞ、本当に仲良くなりたい人にだけは我慢できずにこの話をしてしまう。安納芋と金木犀を苦手なわたしのことを、安納芋と金木犀が苦手なひねくれたやつだという理由でさらに愛してくれる物好きがいることも、わたしはよく知っている。

どらやきの女

　三年ほど前のこと。久しぶりに残業を早く切り上げることができたわたしは駅へ向かった。まだ駅のお土産売り場が開いている時間だ。何か自分にご褒美でも買って帰ろうと思った。

　初夏の夕方の盛岡駅のショーケースはとてもまぶしかった。メロンのショートケーキ、初物の瓶ウニ、きれいなさしの入った牛肉、いかにもおいしそうな日本酒。どれが自分のご褒美にふさわしいか考えながら何度も行き来した。

　お土産売り場の一画にあるとある和菓子屋の練り切りがとてもうつくしく、一度通り過ぎてからも忘れられず引き返した。花火や朝顔が模された練り切りは見ているだけでもたのしかった。肉やケーキもいいけれど、わたしがいま必要としているのはこの上品で凛《りん》とした佇《たたず》まいなのではないかと思った。

　ふたつ買おう。どれとどれにしよう。ひとつずつ確かめるように眺めていると、レジの奥にいた店員さんが出てきて言った。

「どらやきも、おすすめですよ」

わたしは上生菓子コーナーから顔を上げた。店員さんが示したのは、ショーケースの上に置いてある箱入りのどらやきだった。どらやきもいいけれど、わたしが欲しいのは練り切り。わたしは「そうなんですね」と言って軽くほほ笑んでから、再びショーケースを覗きこんで「練り切りって日持ちはどのくらいですか？」と聞いた。きょう買ったらきょう食べるのだから日持ちを聞く必要はないが、とにかくわたしは練り切りを買いたいとアピールをしたかった。すると店員は言った。

「でも、どらやきお好きそうですよ」

耳を疑った。お好きそう？　こちらは生菓子の日持ちを聞いているのですが。かっと耳の付け根が熱くなるような怒りがこみ上げてきた後、崩れるように恥ずかしくなった。もしかしたら、練り切りを買うのはお前には早いと言われているのだろうか。ショーケースにうつすらと、よれよれのブラウスでぼさぼさの髪を結わえた疲れた自分の顔が映る。お茶も習ったことのなさそうな人間が買うのは練り切りではなくどらやきということなのか？　わたしは混乱して何も買わずにその場を離れて、外の広場のベンチに座った。とても悔しくて惨《みじ》めだった。どらやきがお似合いのぷっくりした女ってことですか。そうですか。もしかしたら俳句をやっているわたしのほうがあなたよりずっと季語をたくさん知っているかもしれないのにね。いくらでも意地悪な言葉が浮かんで、けれど凛とした和菓子の佇まいが頭から離れなかった。

むっとした顔でさっきのお菓子コーナーを通り過ぎて帰ろうとすると、別の和菓子屋に足が止まった。打ち水とあやめと紫陽花《あじさい》の練り切りだった。先ほどの店と比べてすこし地味に見えたけれど、見れば見るほどシンプルでかっこよかった。きれい。打ち水の水面が和菓子になるなんて。

「見ているだけで、こころが澄みますよね」

と声がして驚いて顔を上げると、店員さんがにっこりと笑っていた。わたしはうれしくて泣きそうになった。打ち水と紫陽花の練り切りを買って、大切に大切に持ち帰った。

その日以来、練り切りはそのお店で買うことにしている。どらやきの女としての屈辱は根深く残っていて、どらやきを食べるたびにそのことをすこし思い出す。

ごぼう爺さん

　青信号を待つ横断歩道で前に立っていたおじいさんのリュックからごぼうが突き出していた。ちょっと出ちゃった、というかんじではない。ご覧ください　この立派なごぼうを！　と言わんばかりに四〇センチほどはみ出していて、その豪快さにわたしはうれしくなった。背筋のしゃんとしたおじいさん。背負うリュックが電池パックで、はみ出したごぼうがアンテナの、ロボットおじいさんのようでおもしろかった。おじいさんはまっすぐ前を見て、青信号になるとずんずん歩き出した。わたしも歩きはじめると、後ろから小走りの婦人に追い抜かれた。

「ちょっと！　またそうやって道に迷うのよ！」

　とその婦人はごぼうの刺さったリュックをむんずと掴みながら大声で言った。どうやら妻のようだ。ごぼう爺さんはすこし背中を丸めてしゅんとした。がんばれ、ごぼう爺さん。

夕餉《ゆうげ》の柿

柿はやわらかいものよりも、がりがりにかたいやつが好きだ。できれば、果物包丁で皮に刃を添わせるとき大根や蕪《かぶ》を剝いているのと同じ気持ちになるほどかたい柿がいい。剝き終えた手でそのまま摑んで食べるのもおいしいし、春菊とくるみと一緒に白和《しらあ》えにするのも大好きだ。柿の見た目って、どうしてこんなにも秋！　と思うのでしょう。梨やぶどうよりもずっと、スーパーに並んでいる期間が短いからだろうか。梨やぶどうに比べて、柿は本当に秋にしか見ない気がする。

父が単身赴任となって、六歳から十歳ごろまで祖父母の家に居候《いそうろう》していた。祖父母の家は山の麓《ふもと》のようなところにあり、とにかく田舎だった。夕飯を食べ終えると、祖父母と母と弟と五人で大きなこたつに潜りながらよく果物を剝いた。そのときのことを思い出そうとすると、記憶の中のわたしは大抵柿を剝いている。

柿を剝こうと手に取るたび（ざぶとんみたい）と思う。小学生のときからそう思っている。ゆるやかな四角形にぱんぱんに詰まった実が、法事のときに住職が座るためのふかふかの分厚い座布団に見えるのだ。自然に入っている十字の皺に合わせて刃を入れ、まずは四等分にする。それから皮を剝き、四分の一のまま齧りついたり、祖父母のためにさらに半分に切ってお皿の上に並べたりする。わたしの剝いた柿を、祖父母はとても喜んで食べた。

かたい柿とはすっかり対照的な食べ物だが、焼酎に漬けて渋抜きをされた渋柿も好きだった。祖母はよく渋抜きをされた柿を貰ってきた。いわゆる市販の干し柿よりもずっと生っぽくて、じゅるじゅる、を超えてもはや「でゅるでゅる」している。種に近い部分にはすこし歯ごたえがあるが、皮に近い実は液体のようにとろとろと甘い。祖母は「こうやって食《け》え」と言い、柿にすぼめた口をくっつけると、ぴゅっ、と吸った。実は一気に吸いこまれて、祖母は柿で頰を膨らませてしあわせそうに「んめ」と笑った。祖母の口に一瞬で柿が吸いこまれてゆく様はまるで化け物のようで結構衝撃的だった。おそるおそる吸うようにして食べると、とろけるような甘みの中にほんのすこし酸味もあり、これが渋柿だったとは信じられないほど美味だった。

父も弟も柿が苦手なので、引っ越して核家族の暮らしになってから、食卓に柿が並ぶ機会は減ってしまった。そしていまわたしは柿の苦手なひとと同居していて、柿を剝く機会をさらに見失っていた。先日青果店へ行き、梨、ぶどう、みかんが並んでいるのを眺めていると、柿に目が留まった。わたしはずいぶん久しぶりに(ざぶとんみたい)と思った。どうしても連れて帰りたくなってしまい、すべて自分で食べるつもりで買った。

がっしりと指を広げて柿を摑みながら、柿の大きさだ、と感動する。りんごよりも小さく、みかんよりも大きく、桃よりも平べったく、柿とは、柿にしかないかたちをしていてそれがとてもいとおしい。

いままでは祖父母のために剝いていた柿を、自分のためだけに剝いた。皮を剝くたびにさりさりと音がするような、とてもかたい柿だった。シンクで剝いて、果汁ですこし濡れた手のまま齧る。柿の果汁が舌の上をぬるりと滑る。甘くておいしい。

あの家はもうない。祖父も祖母ももういない。

梨になったら冬

四季ってもうないんじゃないか、と十月下旬の夜の盛岡を凍えながら歩く。最低気温五度、息が白い。過ごしやすい春と秋が年々短くなっている気がする。春はもはや冬の下巻で、秋はもはや夏の下巻で、そうなるともう「春夏秋冬」というよりも「冬（上・下）夏（上・下）」のような気持ちで過ごしている。

わたしの暮らす岩手県盛岡市に遠方から友人が来たので、盛岡冷麺を一緒に食べに行った。焼肉店へ行って肉を頼まずに冷麺だけ頼もうとするわたしに、友人は（ちょっと！）と制したそうな眼差《まなざ》しを向けた。盛岡では冷麺だけ食べて帰ることもよくあるため、締めに頼む必要はなく焼き網を使わなければ申し訳ないと思わなくても大丈夫だと伝えると安心してくれた。

盛岡に住むわたしにとって、冷麺は夏の食べ物ではない。四季、いつ焼肉に行っても最後は盛岡冷麺を注文する。一時期冒険してみたくなって温麺やビビン麺やクッパスープなどを注文してみたが、やはり冷麺を食べるところまでが一セットだ。

焼肉を食べたいと思うとき、それと同じくらいわたしのからだは盛岡冷麺を欲している。

運ばれてきた冷麺の器を覗きこんで、友人はすこし不思議そうな顔をした。

「すいかじゃないんだ」

と、友人は言った。器の中にはきらきら輝く透明のスープ、半透明の麺、輪切りのねぎ、白ごま、ゆで卵、叉焼《チャーシュー》、きゅうり、梨が乗っていた。「冬になったってことだねえ」とわたしはしみじみ言った。

盛岡冷麺、と検索するとほとんどの画像にはすいかが乗っている。ええっ、しょっぱいスープにすいかが浸っているんですか、と驚くので、盛岡冷麺＝すいかという印象が余計に強いのだと思う。

実際は、上に乗っている果物は季節によってすいかか梨になる。あくまでわたしの体感では、夏から秋はすいかのことが多く、冬からすいかが採れるようになる初夏ごろまでは梨になっていることが多いと思う。春夏秋冬ならぬ、梨西瓜西瓜梨、という感覚だ。どちらも水分が多くしゃくしゃくしていて、さわやかな甘みと酸味が深みのあるスープとよく合う。「この麺、弾力があるね」とはじめはすこし食べにくそうにしていた友人も、次第に前のめりになってスープを飲み干す勢いで食べ終えた。

「たしかにこれは祈りのようだね」と友人は言ってくれた。わたしはかつて〈嚙めるひかり啜れるひかり飲めるひかり祈りのように盛岡冷麺〉という短歌を詠んだことがあって、それを覚えていてくれたらしい。澄み切った盛岡冷麺を覗きこむたびに、毎度新鮮になんてうつくしいひかりなのだろうと思う。食べ終えてしばし談笑してから新幹線へと友人を送り届けて家まで歩く。ひとりになると余計に夜風が寒いような気がしてくる。すれ違う人々がみな首をすくめて速足で歩いている。手をコートのポケットに入れて歩きながら、また冬が来たんだな、と思う。

　厚手のニットを出したり、ヒーターの灯油を用意したり、土鍋を取り出しやすい棚に置いたり、スタッドレスタイヤに履き替えたり。生活しながら冬支度だと思うことはいくつもあるけれど、わたしが最も冬への覚悟を決めるのは盛岡冷麺の果物が梨になったときかもしれない。わたしは真っ白に透き通った梨を思い出しながら、東北の長い長い冬のことを想った。

小鳥と虎落笛

「虎落笛《もがりぶえ》か」

と母は言った。虎落笛とは冬の季語で、厳しい寒さの夜に風がびゅうびゅう鳴ることを言う。「虎落笛じゃないです、わたしのお腹です」。わたしはお腹をぽんとひとつ叩《たた》いた。うそでしょ、ほんとにいまの？　と母は言い、リビングの窓から外を見て無風であることを確認したのち、いよいよこみ上げるように大笑いした。

わたしは昔から、お腹の音がびっくりするほど大きい。思わず笑ってしまうほど、本当に大きい。お腹が空いても鳴るし、お腹が空いていなくても鳴るし、食べ終えて消化している最中も鳴った。

思春期のときはテスト期間が本当に地獄だった。しんとした教室でお腹が鳴りそうになると、はらはらして目の前の問題にすっかり集中できなくなってしまう。（いま鳴っちゃやだめ）と思えば思うほど緊張するのか、高いお腹の音が十秒近く鳴り続けた。クラスメイトたちは最初こそばかにして笑ってくれたが、次第に迷惑そうに、あるいは申し訳なさそうにちらりとこちらを見るだけになった。

中学校はお菓子などの持ちこみが禁止だった。しかしわたしは常に蒟蒻畑《こんにやく》のハートのかたちのゼリーを三つ、お守りのように通学鞄《かばん》の奥底に隠していた。そうして、本当にお腹が鳴りそうでピンチになると生理用品を持っているような顔でポーチにそのゼリーを隠し持ち、トイレでそれを食べた。それほどしなければ、お腹の音に緊張して手の汗が止まらなかった。

困り果てて一度病院へかかったことがある。「お腹の音が大きすぎて困るんです」と伝えると、幼いころから診てくれている病院の先生は、たっはー！　と笑い「元気な証拠！」と言った。それはいい。わかっている。わたしはとにかくこのお腹の音をどうにかしたいのだ。診察時に限って、お腹は借りてきた猫のように黙っている。いつもみたいにけたたましく鳴ってくれたらいいのに。わたしは己のお腹をきっと睨《にら》んだ。さまざま検査をしてもらったがお腹に異常はなく、整腸剤を貰って帰った。整腸剤を飲んでもお腹は鳴った。ゼリーを鞄に忍ばせる生活は高校生になっても続いた。

いまでもお腹がよく鳴る。音には二種類あって、きゅるきゅるきぴぴぴ！　など、いかにもお腹を壊していそうな高い音が長く続く場合と、ぐごーずもー！　と、腹の底で地獄の釜が煮えているような低音で爆音の場合だ。

仕事中、お昼前の打ち合わせで高いほうのお腹が鳴ったとき「小鳥が鳴きましたか」と茶化《ちゃか》してくれた人がいて、あれは本当に助かった。低音で鳴るときは大抵無視されると感じていたが、もしかすると母のように、本当に虎落笛か何かだと思われていたのかもしれない。

わたしのお腹は性格が悪く（鳴っちゃだめ）と思うとより大きな音で鳴る。（いいよ、鳴ってみたら？　ほら、どうだ、鳴れよ）と挑発してみるとすこしちいさく短く鳴る。難しい関係だ。よく、何か食べようとするときに「ちょっとお腹と相談します」と言う人がいるが、わたしも相談できることならしたい。もう何度もお腹と対話を試みては打ち砕かれている。

わたしのお腹には小鳥と虎落笛がいて、どちらも好きなときに好きなように鳴く。小鳥と虎落笛と思えばすこしうれしい。

あのファミチキ

会社員として残業しつつ働きながら、いただく原稿依頼をありがたいありがたいとこなしていた。二十五歳を過ぎた自分の人生のことはなるべく考えないようにして、とにかく今週、来週、来月のことを考えながら暮らしていた。

会社を辞めると決めてからの数ヵ月、私服で出勤のない生活なんてありえない、絶対怠惰になるだろうと不安を言いふらしていたが、実際はじめてみると暮らしは淡々と続いた。作家仕事も順調で、夕方に米を研《と》いで献立を考えたりしながら、むしろ、いままでのわたしはどうやって仕事と執筆を両立できていたのだろう、と思うようになった。慣れとは恐ろしいもので、残業続きの四年間の最中にいたとき、わたしはこれ以外のライフスタイルは自分がダメになると思っていた。何事もやってみないとその気持ちを本当に理解することはできないのだろうと陳腐なことを思う。

花屋の開いている時間に帰る、八百屋の開いている時間に帰る、本屋の開いている時間に帰る。これが、退職を決めたころのわたしの呪文だった。余裕がある暮らしを求めているのだと、言い聞かせるようにして辞めた。ほんとうは辞めたくなかった。辞める日が近づくほど、自分がいかに仕事好きなのか炙《あぶ》り出されるように自覚して、悔し泣きしそうになった。

フリーランスとして仕事をするようになってから、花屋も、八百屋も、本屋も、病院も、銀行も、いつでも行けるようになった。夕食には旬の野菜で献立を考えて、戻る時間を気にせずゆっくりとランチにも行けるようになった。多忙ではあるがそうして半年暮らしながら、時折猛烈にさみしくなる夕方がある。この仕事は、ひとりぼっちなのだ。

きょう、久しぶりに夕方に前の会社の近くを歩いた。うんともすんとも言わない原稿のために、昔自分が働いていたころの気持ちを思い出したくなったのだ。しばらく着なくなったビジネス用のかっこいいセットアップを身に着けて、髪をしっかり巻いてポニーテールにして、働いていたときとすっかり同じような格好で通りを歩いた。煌々《こうこう》と輝くファミリーマートの前を通ったとき、ここでいつも慌てて昼食を買ったり夜食を買ったりしたことを思い出した。吸いこまれるようにして入店して、ホットスナックのにおいがして思い出した。

あのファミチキだ。わたしにとって労働とはあのファミチキだった。数ヵ月に一度、どうにでもなれと思いながらかぶりつくファミチキの、だらりと溢れるような肉の脂とスパイシーな衣。思い出すだけで口の中が唾液で溢れた。やけに急いで開けるファミチキの紙包装の点線。紙一枚隔てた肉の熱さ。唇を脂でてかてかにしながら貪《むさぼ》ると強烈なうまみの濃い味とやわらかい肉が口内のすべてを奪って、脳がじゅんわりと脂の快感で満たされていくような。わたしにとって残業の合間に「やあっ」と食べるファミチキは食事以上の体験だった。

白い息を吐きながら入店したわたしは、ホットスナックの並ぶレジの棚を横目に眺めながら冷凍食品やカップ麺の棚を歩いた。いまとてもファミチキが食べたい。けれど、いまのわたしが食べるファミチキはもうあのファミチキではないような気がして、それに気が付いてしまうのがなんだか怖くて、何も買わずに店を出ると、はじめてのひとりぼっちの冬だった。

代用しない

レシピを考え、それをおいしそうでわかりやすいイラストにするのを仕事にしている知人がいる。相互フォローになってからかれこれ十年近く経つのだけれど、膨れ上がるように人気が出て、いまではそれを専業の生業《なりわい》にしている。昔は名もなきいちユーザー同士だったので、レシピ本が刊行されるたびに非常に感慨深い気持ちになる。

彼がレシピを投稿すると、瞬く間にそれは拡散されて、ものすごい数のリプライがつく。

「片栗粉は小麦粉でも代用できますか?」

「有塩バターでも大丈夫ですか?」

「ブロッコリーしかないんですけどアスパラじゃなきゃだめですか?」

といった、レシピについての質問である。彼はできるだけ丁寧に返事をしたり補足したりしていて本当にえらいと思う。見ているこちらが勝手に「自分で調べて考えろ！」と叫びだしたくなるほど、そういうリプライは多い。彼だけでなく、いまSNSで目にすることができるレシピの投稿には、ほとんどこういった「これをこれに代えても大丈夫ですか？」という質問がたくさんついている。レシピとして公開する時点で、それを考案した人はいろいろ試したうえでそれがいちばんだと思っているのだから、まずはその通り作ろうではないか。どうしても手元にその用意がなくて、それでもそのレシピを参考にしたいのなら、レシピに背《そむ》いた後ろめたさを感じながら、各々自分のせいにして失敗しようではないか。

そんなわけで、代用できますか？　という人々の意見を目にしているうちに、わたしは意地でも代用せずに作るようになった。コーンスターチはコーンスターチであり、片栗粉ではない。わたしがコーンスターチだったら、絶対に代用されたくないような気がしてきた。代用される人間になりたくないから、わたしは代用しない。だから、次いつ使うのかわからなくても、あした無塩バターを買ってみようと思う。

ここが八分目

わかってはいたのだが、さすがに随分と太ってしまった。「わかってはいたのだが」などとのたまうところがわたしの甘さであり、その甘さがわたしを太らせた。今年の二月から四キロ太ってしまうと、さすがに顔つきも変わり、きれいに着られる洋服も変わってくる。

二十代前半までは、本当にそろそろ痩せないとまずいと思えば数食抜いたりサラダにしたりするだけで、数日でかんたんに一キロは落ちた。今年、それを試みてわかったことは二十代後半の体重はもう、一日かそこらで何とかなるものではないということだった。

おいしいものをいただく機会が人よりも多い。『わたしを空腹にしないほうがいい』という本を出してから、さまざまなひとが「くどうさんのことは空腹にしないほうがいいですから」とおいしい思いをさせてくれる。わたしは食べ物のことを考えたり食べたりする時間のことがとってても好きなので、何か仕事をがんばればがんばっただけそのご褒美においしいものを食べたりお酒を飲んだりしてしまう。「きょう、すっごいがんばったんですよ！」と言いながら飲むお酒のなんとおいしいことだろう。

世の中にあふれる様々なダイエットを検討したけれど、わたしに取り急ぎ必要なのはとにかく「健康」だった。YouTubeを見ながら自宅でできる運動を毎日する。羽目を外した外食をなるべく慎み、おやつを食べすぎないようにし、食事制限をしない代わりに、腹八分目にする。要は「ほどほどに」生活をするのがいちばんいいという結論に至った。

しかしこの「ほどほどの生活」ほど難しいものはない。特に「腹八分目」というのがわたしにはよくわからないのだった。「あなたはいつも苦しくなるまで食べているもんね」とミドリはあきれながら言った。「腹八分目ってどのへん？　いつも気が付いたら登頂しているんだけど」「うーん、『もういいかな』って思うあたりじゃない？　まだ食べられるけどもういいかなってなるとき、あるでしょう」「食事をしていてそんな風に思ったことないかも、わたしずーっと、まだ食べたいまだ食べたいって思ってて、突然、うーっ！　と満腹が来るよ」「食事って苦しくなるまで食べ続けるものじゃないでしょう」。彼はやれやれと笑った。

思うように進まない原稿があって、その日は朝から夕方遅くまでずっと作業室に籠《こ》もっていた。昼食をとるのも忘れ、何とか書き終えると集中の糸が切れてぽかんとしてしまった。「へとへとで夕飯何も用意する気がありません、お米だけは炊いておきます」と連絡すると、彼はわたしの大好物のねぎとろと、脂が光る、見るからにおいしそうなかつおのお刺身を買って帰ってきて夕飯の支度をしてくれた。夢中で食べた。だれかに作ってもらったご飯ってどうしてこうもおいしいんだろう。食べすぎないようにとご飯を小盛にしたのに全然足りなくて、結局おかわりをした。はー、きょうがんばってよかったなあ。と言いながら彼のほうを向くと「そこだ！」と彼は叫んだ。「そこが八分目です」。ご飯を二口ほど残して、わたしは箸を置いていた。

そうか、ここが八分目。わかったわかった、この感じね、教えてくれてありがとう！　なるほどなあと言いながら、わたしはにこにこ冷蔵庫を開けてナタデココのゼリーを食べた。

シェフの

冷蔵庫に何もなかった日の夜、仕事が長引くわたしにミドリが夕飯を作ってくれた。これでいいのかなあ、うーん。えーっ、あー、なるほどー。と台所から聞こえてきて不安になって仕事を切り上げると、

「シェフの気がかりパスタです」

と言ってキャベツのペペロンチーノが出てきた。とてもおいしかった。

ぶどうあじあじ

焼肉屋でランチをした帰りのレジにちいさな籠《かご》があって、そこにカラフルな飴玉がたくさん入っていた。透明なフィルムに包まれた飴玉には、黄色、黄緑色、水色、オレンジ色、紫色、薄桃色、透明があって、どれもとても淡い色できらきらしていた。

普段、焼肉屋のレジのこういうお口直しは貰わない。おいしい焼肉を食べたあとは口直しなんてもったいない、できるだけ長く口内をその余韻にしておきたいと思ってしまうのだ。しかしその日は透明な包み紙に包まれている飴になぜか猛烈にこころ惹かれた。おそらくぶどう味だろうと思い、ミドリがお会計の小銭を受け取っている隙に紫色の飴玉をひとつ貰うと、レシートを貰い終えたミドリも同じ色の飴玉を手に取った。お店の自動ドアを出て、車に乗りこむまでのほんの数十秒の間で、わたしたちは飴玉を口に含んだ。

「ぶどうあじだ」

とわたしが言うと、彼は聞き間違えたのかという顔で首をかしげた。

「ぶどうあじあじだよ。ぶどうの味じゃなくて、ぶどう味の味がするの、わかる？」

あー、と彼は飴を左右の頬に移動させながらその味を確かめているようだった。

ぶどうあじあじだよ、これが。なんかすっごく久しぶりにこういう味食べる気がしてうれしいなあ。ふふ、本当にぶどうあじあじだ。わたしは口の中でころころ飴を転がしながらにこにこ車に乗りこんだ。

わたしが小学生だったころの駄菓子屋には、まさにぶどうあじあじのように、いちごあじあじや、メロンあじあじのお菓子がたくさんあったような気がする。その果物そのものではなく、あくまで「いちご味」の味や、「メロン味」の味なのだ。わたしはそれを人工甘味料がどうとか目くじら立てるつもりはない。「あじあじ」たちのことも、それはそれでとても好きだ。

もうずいぶん前から、果物のお菓子は果汁をそのまま詰めこんだように濃縮されたジュースを飲んでいるような味に進化したように思う。特にグミ。もはやその果物を超えてしまっているのではないかと思うくらい、果汁の酸味や甘みが濃い。飴も、ガムも、アイスも、ジュースも、みんなみんな「ぶどうあじあじ」から「ぶどうそのもの」を求めて進化してしまった。だからいま、お菓子売り場でこうした「ぶどうあじあじ」のものを探すほうが難しい。

ぶどうあじあじからは、どんくさいサービス精神を感じる。みんなが大好きなぶどうの味をがんばってすこしでも再現してみようと思います！　と言わんばかりの、それでいてそこまでうまくいっていない不器用さのようなものもあり愛《いと》おしい。

包み紙のシンプルさも、ぶどうあじあじの魅力を最大限に引き出してくれたのかもしれない。たとえばつやつやの巨峰のような絵が描かれた濃い紫色の包み紙からぶどうあじあじの飴が出てきたら、たぶんちゃんとがっかりするだろう。七色の飴が何も描かれていない包み紙に包まれているからよかったのだ。

わたしたちは紫色だからおそらくぶどうだろう、と信頼してその飴を口へ入れて、ぶどうあじあじに「やっぱりぶどう！」と喜ぶ。わたしがお菓子に求めているうれしさは、きらっとひかる薄紫の「やっぱりぶどう！」くらいがちょうどいい。

大根の面取り

もうやだ！　と思ったので、十七時前に仕事を終わらせたことにして、大根をまるまる一本調理した。「作家」と呼ばれてそれが仕事になることは想像以上にたのしいことばかりで、ありがたいことだと思って暮らしているけれど、ちゃんと苦しいこともたくさんある。どんなかたちであれ、働くということは辛抱や苦悩の伴うことだなあ、と思う。夢のような職業に見えたとしても、その夢の下でちゃんとつらいという事実が、ちゃんと仕事してるぞ、という安心でもある。とはいえもうやだったらもうやだなので、きょうはもう、大根のことだけ考えようと思います。いま仕事をがんばっているすべての人に、思い立って大根を煮る権利があるのだから。

実家から貰ってきた、祖母が育てた立派な大根。貰ったときはやったあと思ったのだが、忙しさを理由にまるまる一本放っておいていた。新聞紙に包まれていた大根は、取り出してみるとぴしっと冷たくて真っ白い。腕よりも太くて、白いところにはひげが縦に並んでいる、立派な大根だった。とにかく一心不乱に、すべて下茹でをして、今夜は鶏そぼろ餡を掛けたふろふき大根にし、残りはおでんにしようと決めた。大根を厚く切って、ぐるりと桂剝きする。すこし厚すぎると思うくらいがちょうどいいはずなので豪快に切った。

あらかじめそう定められていたかのように、わたしは淡々と一本の大根を桂剝きして、面取りした。面取りをしながら（いまわたしは大根を面取りしている）と思った。大根を面取りする人間のことを、過労の渦中にいたときは恨んでいた。丁寧な暮らしめ、と。しかし、ちがうのだよ。いくらしんどい日でも大根を面取りすることで、自分の毛羽立《けば》ったこころもすこし角が取れる。そういう健やかさを人事にしながら年を重ねていきたいと、少なくともいまのわたしは思っている。丁寧な暮らし、と揶揄するとき、そのひとにも必ず暮らしの中に大事に守っているルールがあるはずなのに、それは無視されている。料理にまつわることだけが、布にまつわることだけが、丁寧な暮らしではない。あのときのわたしは、疲れ果てたらいちばんすぐに目に入ったセブンイレブンの春巻きを食べると決めていた。それだって十分に、そのときわたしが選択していた暮らしの丁寧さだったと思う。「丁寧な暮らし」という言葉にまつわるすべてが鬱陶《うっとう》しい。鬱陶しいよなあ、と思いながら米のとぎ汁で大根を茹でこぼす。

会社を辞めるとき「すぐにこの会社に戻ってきたいと思っている」と言うと、わたしの恩人である社長（いまは相談役になっている）は「だめだ、生活に集中しろ。なんのために辞めると思ってるんだ。おまえの創作は絶対に生活と共にあるはずだ」と言ってくれた。こんなに生活をたのしんでいていいのだろうかと後ろめたい気持ちになるとき、もっと仕事をしなければと焦りそうになるとき、その言葉が頭の中に出てくる。社長に言われたもん仕方ないよね、と思いながら厨に立つとき、どうして人生はひとつなのだろうととてもくやしい。家事なんかしてる暇ないくらい忙しい自分と、いきいきと夕飯を作る自分をどうしても両方やりたい。両方できる方法を、いまは探している。

わたしは大根を面取りして、それを米のとぎ汁で茹でこぼしてふろふき大根にし、鶏そぼろ餡を作り、そこに冷凍していたゆずの皮を細切りして乗せて、仕事で疲れて帰ってきた男にそれを食べさせようと思っている。それをだれかが「丁寧な暮らし」だと嘲笑するかもしれないが、うるさい。わたしは大根を面取りしているだけだ。それ以上でも、以下でもない。わたしはわたしの大根を切る。おまえはおまえの大根を切れ。

たくあんじゃんけん

わたしは岩手県で生まれ育った。実家では祖母が大きな樽《たる》に漬けてくれたたくあんを、外の物置に置いている。三〇本以上の大根。その漬かりが浅いときから濃く黄色くなるまで、わたしたち家族は年を跨《また》いで食べ続けるのだ。

夕飯前に母がビニール手袋をして、中くらいのボウルを片手に寒そうに玄関から外へ出て行く。数分して「あーっ、さむい！」と凍えながら一、二本の糠《ぬか》まみれのたくあんをボウルに入れて帰ってくる。それを洗って切って、夕飯に食べるのが冬の風物詩だ。

高校生のころはわたしがたくあんを取りに行く役目を務めることもあった。その役を免除されるため、わたしはそろそろ母がボウルを手に取りそうだな、と察知すると、露骨に参考書を出し始めて勉強しているふりをした。何がいやって、とにかく寒いのである。樽の中のたくあんを取り出すためには、まず大きな蓋を開け、重しにしている大きな石をのけて、内蓋を傾けなければいけない。その間にも厳しい冬の風が首元に入ってくる。どれだけ厳しい寒さの日でも、内蓋を開ければむわっとたくぁんの匂いが押し寄せる。

意を決して、ビニール手袋を嵌《は》めた右手を糠の中に突っこむ。しゃり。凍っているのだ。指先が冷たさに喰《く》われるのを感じながら搔《か》き分けるように糠の中に手を差しこむと、大根の手触りが来る。摑んで、引っこ抜く。思ったより短いときも、長いときもある。感覚が麻痺《まひ》した冷えた右手で、落とし蓋、大きな石、蓋の順番に元に戻して、駆け足で玄関を開ける。家のあたたかさに眼鏡がぼうっと曇る。糠まみれのたくぁんを持って台所の母に渡すとき、わたしはまるで大仕事をしたような顔をした。

祖母のたくぁんがなければ冬の食卓は完成しない。市販のたくぁんのようにしつこい甘さがなく、妙な出汁っぽい味もない。ざらめと塩と糠だけで漬ける大根はぽりぽりと歯ごたえがよく、気が付くともう一枚と手が伸びる。このたくぁんを味わうためにはやはり家族のだれかが凍《い》てつく糠に手を差しこまなければいけない。たまに、母とわたしと弟でじゃんけんをして取りに行くこともあった。たくあんじゃんけんだ。

たくあんは冬の季語である。わたしは大学生のとき、東京での句会に誘われて〈たくぁんを取りに行くのはじゃんけんで〉と詠んだ。実家の風景そのままだった。その場にいた中年男性は「おもしろいですが、いかにも日本の昔の風景でやや演出がすぎる」と言った。わたしは顔が真っ赤になった。とても恥ずかしくて俯《うつむ》くことしかできなかったが、いま思うと笑える。同じ季語でもその風景が地域によって異なったりするのが俳句のおもしろさだと気付かされた。わたしは昔の風景の残る東北で引き続き二〇二二年を生きている。

いくらおいしくても、さすがに最後は食べ飽きてくる。より寒さの厳しい一月になると、大根自体が凍ってしまい、すが入って食感がすこし落ちるから最後は駆足で食べきる。薄く切って水に漬けて塩抜きして、そこに千切りの生姜《しょうが》と甘酢を入れて漬けなおす。この、食べ応えのあるガリのようなたくあんもまたおいしい。実家を出てたくあんの樽を抱えた生活ではなくなった。できないと思うと俄然《がぜん》、あのしゃりしゃりと凍った糠に手を差しこんで「ひええ」と言いたくなる。

あざらん

　今年のクリスマスはどこまでクリスマスらしいものにすべきなのだろう。ふたり暮らしをしてはじめてのクリスマスにわたしは悩んでいた。ツリーは買う？　プレゼントは？　チキンは食べる？　ケーキはどうする？　ぼんやりと悩んでいる間にすっかり十二月も中旬になってしまい、気になっていたクリスマスケーキの予約はとっくに終了していた。

　実家でのクリスマスはほぼ毎年ホールケーキを食べていた。わたしたち姉弟がちいさなころから続いてきた行事だ。わたしが大学生になったり、弟が関東でひとり暮らしし始めたり、家族の暮らしはそのつど変わったけれど、クリスマスケーキは毎年用意されていた。

　わたしが成人してからは、もうそんなに大きなケーキはいらないのではないかという空気が漂ったときもあったが、わたしはケーキが食べたいと主張した。ケーキを本当に欲していたわけではないような気がする。ただ、やめどきがわからないというか、やめたら「なんかあったみたい」になるのがいやだった。世の中にある伝統とは常に「わたしがやめてしまったら終わってしまう」のが怖くて続いてしまうものなのかもしれない。など、大げさなことを想う。

彼はおいしいケーキ屋さんがたくさんある街で育った。クリスマスケーキもきっとこだわりが……と思っていたが、実家のクリスマスケーキは毎年お母さんが苺《いちご》とスポンジと生クリームで作ってくれたらしい。とても良い話だと思った。今年は一緒に作ろうか、と言うと、彼はとてもうれしそうにしてくれた。市販のスポンジでいい？　もちろん。生クリームはシンプルなやつ？　そう、苺もいちばんちいさいやつでいい。中にも苺を挟む？　うーん、キウイとか桃の缶詰でもいいな。いいねいいね、上にあざらんトッピングしたりする？

「あざらん？」

「あざらん」

「水族館みたい」

彼は呆《あき》れたように笑っている。わたしはどうしてここで会話が止まってしまったのかわからず、水族館とは何のことか頭をぐるぐる回して考えた。彼がスマートフォンの画面をこちらに向けるとそこには〈アラザン〉と書いてあり、銀色のつぶつぶの写真が載っていた。わたしの思っていた〝あざらん〟そのものだった。

「アラザン、でしょう。あざらんってあざらしみたい」

そんな。わたしはスマートフォンを奪って何度もスクロールして確かめた。アラザン、アラザン、アラザン。何度確かめてもこの銀色のつぶつぶはアラザンと言うらしい。わたしはこれまで二十八年間ずっと「あざらん」だと思っていた。言われてみればあざらしのようだ。恥ずかしい。銀色にひかるちいさなあざらしが頭の中をついーっと泳ぐ。

ケーキを作ろうと思うと、飾りつけや果物など選択肢がありすぎる。優柔不断なわたしがケーキのことを考えてあわあわしていると「どんなケーキでもたのしかったらいいよ。ケーキって、ケーキってだけでうれしいんだから」と彼はおじいさんのようにしみじみ言った。たしかに、いま頭の中でケーキを組み立てているだけでこんなにたのしい。わたしが実家でケーキを欲しがったのも、本当はケーキが欲しかったのではなくて、家族でいるとうれしいということを何度でも確かめたかったのかもしれない。

くるみ餅

「やっぱりこれがないと年越せないもんなあ」と言いながら、スーパーで前を歩いていた夫婦が数の子をかごへ入れた。そうか、もう年末だ。

これがないと年を越せないと思う食べ物は、お雑煮のようにその土地ならではのものや、スーパーで買えるカップ麺だったりするだろうけれど、年末年始に食べるものへのこだわりは、やはりみんなどこか儀式めいている。

わたしが年末年始に必ず食べるのは、おせちでもお雑煮でもなく祖母のくるみ餅だ。角餅ではなく、つきたてのお餅をつねるようにちぎったぽってりとしたかたちをしている。みちっと弾力がありながらひとくち嚙めば伸びるそのお餅に、ベージュ色のくるみだれがたっぷりまとわりついている。それが、祖母のくるみ餅である。大抵十二月の二十八日ごろ、タッパーの中にぎっしり入って届く。まだ年末の実感のないときでも、そのタッパーを見るだけで心臓が高鳴る。そうか、いよいよ本当に今年も終わるのか。

待ちきれずタッパーの蓋を開けるとき、つづらを開ける浦島太郎になったような気がする。くるみ餅にありつけるならわたしは一瞬でおじいさんになってしまっても構わない。蓋を開ける。たるんたるんに広がる淡いベージュ色のくるみだれとそこに透けるようにいくつも浮かぶ白い餅。甘いくるみのにおい、追いかけるように味噌と醤油のにおい。つきたての餅を入れてまだほんのりあたたかいタッパー。（あけましておめでとうございます）と、思う。まだ早いのだけれどそう思ってしまう。今年もこのくるみ餅を見ることができました。それだけでもう、おめでたい。

箸で持ち上げて、すぐに食べる。傍らには濃い目に入れた緑茶と、祖母の漬けたたくあんも置いておく。ひとくち噛みつくと、ふわっとしてからみちっと弾力が来る。よく、雲を綿あめに例えたりすることがあるけれど、わたしは雲のことをこのくるみ餅のような食感だと思っている。頼りがいがあって、心底優しいのだ。舌に雪崩《なだ》れるようにくるみの風味が抱きついてきて、味噌と醤油のうまみに眉間の皺が寄ってしまう。ああ。おいしい。なんておいしい。

わたしの暮らす岩手県の沿岸地方には「くるみあじ」という方言がある。食べものを食べたときに、「なんともしみじみおいしい」という意味で使う。まったくくるみの味でないものでも、しみじみおいしければそれは「くるみぁじ」と呼ばれるのだ。不思議でかわいらしい、わたしのとても好きな方言のひとつだ。

仙台でひとり暮らしをしていた冬。年末に帰省できず、くるみ餅を食べずに年を越した。年が明けてもなんとなくぼんやりとしていて、もしかしてと思って自分でくるみだれを作ってみた。すり鉢でくるみをすりつぶし、水、砂糖、醤油と味噌をすこし。工程はたしかに合っているはずなのに、調味をすればするほど甘すぎて辛すぎて、わたしの求める味は遠のいた。そもそもくるみの味が薄かった。祖父の剝いたくるみでないといけなかったのかもしれないと思った。泣きたくなって実家へ帰ると大きなタッパーには祖母のくるみ餅がまだいくつか残っていて、電子レンジで温めなおして食べた。加熱しすぎて平たくなったくるみ餅をありがたいありがたいと啜りながら、平皿をうやうやしく持つわたしはまるで神に祈りを捧《ささ》げているようだった。

かおちゃんの生春巻き

かおちゃんが年始に盛岡へ帰省するというので久々に会うことにした。かおちゃんは同じ高校出身のふたつ下の女の子だ。普段は滋賀で働いているのでなかなか会う機会がない。ランチの予定だったのに、その当日に急遽、わたしの都合で会うのを夕食の時間にずらしてもらうことになった。きっとご家族も久々にかおちゃんの顔を見られてうれしいはずなのに、その大事な夕食をひとつぶんいただくことになってしまう。申し訳なくてうな垂《だ》れる。

〈夕食の予定が入っていると思うし、お茶だけでも大丈夫だからね〉と送ると、〈夜ごはんは生春巻きですがわたしの分をとっておいてもらうので大丈夫です!〉とかおちゃんは言う。生春巻き。……生春巻き! わたしはしみじみと思う。お正月に久々に帰ってきた娘に生春巻きを作る。これ以上の愛があるだろうか。

翌朝、かおちゃんからLINEが来ていた。〈無事生春巻きを食べました!〉と写真が添えられている。ふにゃりとした白く半透明の円柱の中に薄焼きたまごとレタスとかにかまとハムと茹でた春雨が見える。

〈普段はエビとかパイナップルを入れて、わたしも一緒に作るんです。おいしいですよ〉

わたしは仰け反った。こういう食事がいちばんおいしいに決まっていて、しかも家でなければ食べられないのだ。これぞ家庭の、娘のための、愛をやわらかい棒状にした、生春巻き。

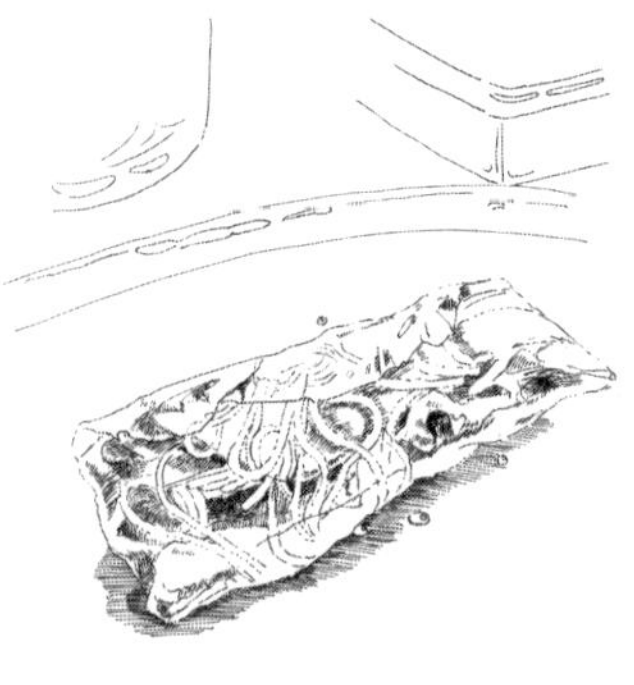

ひとくちごとに

ダイエットをしている。正確には、（ダイエットをしなければいけない）と思ってはいる。実際は気まぐれにストレッチをしたり一食抜いたりするだけの何の継続性もない日々であり、いまのわたしの生活は「ダイエットをしている」という状態にはまったく該当しないと思う。それでも、ダイエットをしている、と言わせてほしい。痩せる気がないよりはずっとましなはずだから。……こういう状況がもう一年近く続いている。

二十代後半になり、なかなか思うように体重が減らなくなってきた。いままでなら一日二日、無理して食べずにいれば自然とすっきりしたからだに戻ったのに。いま一日二日我慢したところで、空腹で機嫌の悪いもこもこした女になるだけだ。会社勤めで残業をしながら執筆し、休日出勤もし、デートもし……と慌ただしく暮らしていたときは、忙しすぎて食事を抜かすこともよくあった。そのころは毎日歩いていたからか、からだもいまよりはしゅっとしていた。忙しい日常でのたのしみは食べることくらいしかなく、体型を気にして食べるものをセーブするようなことは正直ほとんどなかった。時間の余裕のないわたしには、ネイルに通うだとか、サウナに入るだとか、ヨガをはじめるだとか、そういう癒やしは選択できなかったのだ。食べる、うまい、うれしい。食べ物の持つすばやい幸福感にわたしはとても助けられてきた。こんなにがんばっているんだから、こんなにえらいのだから、と自分を説得しながら食べているうちに、すっかり一朝一夕ではどうにもならない体型になった。人生でいちばん体重が重くなると、生理痛がかるくなり、花粉症が楽になった。これが適正体重ってことだったのかも！　としばらくのんきにしていたが、自分の映った写真や動画にまったく納得がいかない。きょう調子悪いな、とそのたびに思うけれど、調子のよいと思えるようなすらっとした自分ではもうないのだといよいよわかりとても落ちこんだ。

「痩せ　習慣」と検索したら、太りにくい人の実践している五つの生活習慣、のようなサイトがわんさか出てきた。夜遅くに食べない、水をたくさん飲む、食物繊維を意識してとる、甘いものや揚げ物を食べすぎない、お酒を飲みすぎない、早寝早起き。わかったわかった。数件開いてざっと読みながら、結局すべての健康は同じところに向かっているのだろうとわかる。うんざりしてページを閉じかけたわたしの目に、ひとつの見出しが見えた。

「ひとくちごとに…」

どうせ、よく噛んで食べましょうだろう、と思いつつも、わたしは続きを読んだ。

「ひとくちごとに微笑む」

なんだそれ。わたしは声に出して読んだ。「ひとくちごとに微笑む」。なんでも、笑顔になることで脳が食事にはやめに満足して、食べすぎを防ぐらしいのだ。わたしは食べることが大好きで幸福なので、これならいつもの食事と一緒ではないか！と大変うれしく思った。早速夕飯から「ひとくちごとに微笑む」を実践することにしたのだが、これが意外と難しい。お箸で口へ食べ物を運ぶ、入れる、咀嚼する、ごくん。からの、にっこり。この、にっこり、をすぐに忘れてしまうのだ。いままでも十分たのしんで食事をしているつもりだったのに、ひとくちごとに笑っているかと言われるとまったく笑っていないのだった。

味噌汁を飲んだあとやいそべ揚げを食べたあとにわたしが、

「ああ、にっこりするの忘れてた」

と何度か言うようになり、同居人のミドリはとても怯えている。ひとくちごとににっこりされるのは、一緒に食事をしているほうからすると恐怖らしい。でも、大丈夫。わたしは既に微笑むことに飽きている。この生活はきっとあと数日も持たないから安心してほしい。

今度は家の中でスキップするだけで痩せる「スキップダイエット」を思いついたので挑戦してみたい。えへへうふふと絵本の登場人物のようにスキップしているだけで痩せることができたら素晴らしいと思うのだ。こんな風にきっとわたしはぽんこつな発明博士のような思い付きのダイエットを考案しては夢破れ続けるだろう。

苺ジュース

フレッシュジュースがとても好きだ。ワンピースを探すためにひとりで百貨店やファッションビルをぐるぐる回り、へとへとになったときに飲む果物のフレッシュジュースは格別だと思う。砂糖のたくさん入った飲み物が苦手なわたしは生クリームがうず高く乗せられたドリンクを見ても何も心躍るものがないのだが、地下の果物売り場でフレッシュジュースのためのミキサーが並んでいるのを見ると本当に興奮する。キウイの黄緑、いよかんのオレンジ、バナナミルクのクリーム色、苺の赤！ カラフルなロケットのように置かれたミキサーを眺めながら、あーんどれ飲もうと思う時間よりもたのしいことなんてないんじゃないかと思う。

五〇〇円前後のドリンクは、手に取ると思ったよりもいつも一回りちいさいカップで（え、少ない……）と思ってしまうのだけれど、ストローで吸うとそのひとくちに凝縮された果物のうまみに、ぶわあ！ と感動して、ちっちゃいけど十分十分！ 良い果物買ったと思えばぜんぜん安いくらい！ と勝手に納得して大満足して帰る。

　会社に勤めているとき、基本的にはとてもたのしい仕事だったのだけれど、時折本当につらいこともあった。掛かってき続ける電話を取ることができず、市外局番を見るだけで胃からぐっと酸っぱいものがこみ上げてきそうになる、そういう日もいくつかあった。そういう日、わたしはこっそり百貨店へ駆けこんでフレッシュジュースを飲んだ。その日ミキサーで並んでいる中でできるだけ色の濃いものを注文して、(あーあ、さぼっています)と思いながら、ミキサーの中で氷が攪拌《かくはん》される音を聞いていた。

　このことを思い出すとき、わたしの口に思い出されるのは必ず苺ジュースだ。その時々で違う果物を注文していたはずなのに、どうしてか仕事がつらかった自分を救ってくれたのは苺ジュースだと思っている。ちいさな紙コップにちいさなプラスチックの蓋がついていて、紙ストローが流通しだしても、その店はかたくなにプラスチックのストローをつけてくれた。白いストローには赤か黄色か緑か青のラインが入っていて、ストローが大きいのに紙コップがちいさいから、底までストローを刺してもぴょんと飛び出ていてすこし滑稽だった。ちいさなコップに数字の「7」のようにストローがはみ出していて、青いイラストの紙コップには必ず飛行機の絵と共にこう書かれていた。

ＦＵＮ　ＥＶＥＲＹ　ＭＩＮＵＴＥ！

わたしはいつもこころの中でこれを〈一分残らずたのしんで〉と訳しては、うっせー余計なお世話、と思う。こちらがフレッシュジュースを飲みに来るときは、大抵ＦＵＮではない。ＢＵＳＹ　ＥＶＥＲＹ　ＭＩＮＵＴＥ！　じゃいこちとら。それで口をつけて飲む。苺のフレッシュジュースはいつも思っているよりずっと甘くなく、酸っぱくて、青い味がする。それがなんだか元気を直接吸いこんでいるような気持ちがしてとてもいい。歯と歯の間に詰まった苺のつぶつぶを舌で退《の》けながら、春だなあ、と思う。苺がいくら夏の季語でも、苺をからだの中にいちばん取りこみたくなるのは春なのだ。飲みきるころには、まあでもたしかにＦＵＮは大事ですよね、と思っているわたしがいる。すぐに飲みきって紙コップをゴミ箱に入れてまた営業車に乗りこむ。ピットインのような小休憩が労働には必要だ。わたしにとってはそれが、ちいさな潜水艦のようなかたちをした苺ジュースだった。

とろろが大好きかもしれない

わたしはとろろが大好きかもしれない。……いまそう打ちこみながらとても恥ずかしくて、自分の顔がじんわりと赤くなっているのがわかる。とろろが大好きだと発言することは、なんだかとても恥ずかしい。

おそらくわたしはずいぶん昔からとろろが好きだ。冬になると祖母がまるまる一本長芋をくれて、たくさんすりおろしたものが食卓に並ぶ。出汁でのばしたり青のりを加えたりしていない、一〇〇パーセント長芋のみの真っ白なとろろだ。大きめで深い皿になみなみと入れられたとろろを自分が食べる分だけ小皿に取り分け、醤油を入れてかき混ぜて淡い茶色になったとろろをほかほかの白米にかけて食べる。れんげなどは使わずに箸で切り分けるようにして食べる。炊き立ての粒立ったごはんに滑りこむようにして絡まるとろろ。咀嚼するごとにすべすべになる口内と、とろっとしたしょっぱさ。食べ終えると長芋の甘さがほんのりと舌に残ってうっとりする。あまりに大きなひとくちで食べるので、茶碗ひとつを六口で食べきってしまう。とろろがまだ残っているとわかればすぐに炊飯器のところへ行き、おかわりをしてまた食べる。

大学のために仙台でひとり暮らしをはじめると、とろろが食卓に出る機会はとても減った。自分のためだけに長芋を買い、その皮を剝いてすりおろすという工程が非常に面倒だったのだ。しかし、思いがけずとろろごはんはわたしの食生活に再び現れた。牛タン定食である。ほとんどのお店では麦飯にとろろをつけることができる。わたしは必ずとろろをつけた。やわらかく嚙むほど肉のうまみが溢れる牛タンと同じくらい、わたしはとろろをたのしみにしていた。大盛のご飯を三分の一ほど食べ進めたあたりで満を持してとろろをかけるとき、わたしはおそらくこれ以上ない笑顔をしていたはずだ。

そこまで好きなはずなのに、わたしはとろろが好きだとどうしても言えずにここまで来てしまった。実家の食卓に出てきたときも、牛タン定食にとろろをつけてほしいと注文するときも、どうしてか「へえ」「ふーん」という顔をしてしまう。「とろろしかなくてごめん？　へえ、まあ、ぜんぜんいいですよ」「とろろがつけられるんですか、ふーん。じゃあせっかくだしつけますか？」といった調子なのだ。本当は「とろろ！　やったー！　とろろがあればあと何もなくていいし、三食ぜんぶとろろだっていいよ！」「なんなら牛タン半分でいいのでとろろを三倍にしてくれませんか？」くらいのことを毎回思っているのに。

実は、とろろのことが好きだと改めて気が付いたのはつい最近のことだ。前に勤めていた会社の後輩であるササキと蕎麦を食べたときのことだった。わんこそばで有名な東家の本店が老舗の店舗を改装したばかりだったので、ぜひ行ってみようということになった。メニューを見ると食べたいものばかりで目が回りそうになった。天ぷらもいいし、鴨蕎麦もいい、にしん蕎麦もあるし期間限定の牡蠣蕎麦もある。でも東家はかつ丼もおいしいしなあ、ああ、天丼もある！……とか言って結局冷たいざる蕎麦がいちばん、でも、いちばん安いものを頼んだら元後輩のササキはきっと気を遣って同じくらい安いものを頼もうとするだろうし……。悩むわたしの目線の先にあったのが「とろろ蕎麦」だった。

「れいんさんどれにしますか」

と言われてどきりとした。「冷たいとろろ蕎麦」とすぐに言えばいいのに、わたしはまた恥ずかしくなってしまって「ん？　ええと、これ」とメニューを指差した。

「とろろかあ、良いっすねえ」

と彼は言いながらメニューをもうしばらく眺めた。とろろ、いいよね。やっぱいいいよね、とろろは。と言いたかったが恥ずかしかったので俯いて黙っていた。ササキは「ええっと、れいんさんは冷たいとろろ蕎麦でいいですよね？」とわたしに確認したあと元気よく店員さんを呼び注文した。

「冷たいとろろ蕎麦と、あと温かいとろろ蕎麦で」

（なんでだよ！）

わたしはあまりの恥ずかしさにペットボトルロケットのように勢いよく椅子から飛び上がりそうだった。こんなにたくさん魅力的ないろんなお蕎麦があるのに、どうしてふたりともとろろを頼んじゃうかな！　ふたりのうちふたりがとろろを頼んじゃったら、それはもう一〇〇パーセントとろろってことじゃんか、それってまるで、とろろが大好きみたいじゃん！　もうっ！　わたしは脳内がかーっと熱くなって、マスクの中がむんむんとしてきたような気がした。ササキは両手をこすり合わせながら、

「いやあ、とろろって聞いたら食べたくなっちゃって。うまいっすよねえ、ときどき無性に食べたくなる」

と屈託のない笑顔で言った。おまえはよくわかってる、会社の後輩だったときからササキのそういうセンスを信頼していたんだわたしは、とろろ最高だよな！　と

背中をばしばし叩きたい気持ちと、なぜそんなに臆さずにとろろへの好意を口にできるんだ無礼者！　と日本刀で眉間を真っ二つにしてしまいたい気持ちに挟まれた。わたしたちはふたり並んで冷たいとろろ蕎麦と温かいとろろ蕎麦を食べた。東家の冷たいとろろ蕎麦は、とろろのたっぷり入った大きめの小鉢に徳利の中のつゆを注いで食べるスタイルで、わたしはつゆを少なめに入れて一滴残らずとろろを啜り上げた。温かいとろろ蕎麦にしなかったのは、大切なとろろがつゆに溶けてしまうのがもったいないと思ったからだった。ササキは大きな音を立てて啜った。その音は不思議と落語を聞いているような豪快でありながら上品な音で、こちらまで気持ちよくなるほどだった。「いい音で啜るね、落語みたい」と言うとササキは「そすか」と言った。そす。

その日ササキと別れてからもしばらくわたしはご機嫌だった。たっぷりとろろを食べることができたのがうれしかったのだ。そうか、わたし、とろろが好きなのかもしれない。でも、とろろが好きだっていうのは、なんかちょっと恥ずかしいじゃないか。どうしてこんなに恥ずかしいんだろう。わたしはとろろをえっちなものとでも思っているのだろうか。わからない。とにかくわたしはこれからもとろろを注文するとき、きっとどれだけ食べたくても「別にこれじゃなくてもいい」みたいな顔をしてしまうのだ。

年始に祖母の家に行って長芋を貰って帰ってきた。いま、その皮を剥いてちいさなボウルになみなみとすりおろしたところだ。好きなだけとろろごはんを食べることができる。そう思うだけで頬の筋肉がどんどん上に動いて笑顔が抑えられない。もうぜったいとろろのこと好きじゃん。わたし、とろろが大好きかもしれない。

ふきのとうの天ぷら

ぷつつ、と熱くなっている油の中に、天ぷらの衣を纏《まと》ったふきのとうの葉をそっと入れる。ふきのとうはすぐにぷくっと膨らんで浮いてくる。それを菜箸でひっくり返すとき、自分がおばあさんになった日のことをすこしだけ想像する。背中が曲がり、字を読むときいちいち目をぎゅっと凝らしたりするようになっているのかもしれないけれど、わたしは春には必ずふきのとうの天ぷらを揚げるおばあさんになりたいと思う。

いちばん先に揚がったひとつをバットの隅に置いてすこし冷まし、ぱらりと塩を掛けて、菜箸の先でひょいとつまんで食べる。さく、の、く、のときにはもう、ふきのとうのほろにがい香りが口の中に広がっている。春がいま、ここからはじまる。わたしが厨に立てば、春は、四季は、いつでもわたしの手元からはじまる。

あとがき

もち麦を茹でながら、あとがき、あとがき、と呟いている。筆を執《と》る、と言葉ではそう言うものの、実際に毎日向き合うのはパソコンの画面で、両手でぱちぱちとキーボードを打つ。本当にこのまま作家として暮らしていけるのだろうか、と不安になる日には、菜箸を握ってとりあえず厨に立つ。キャベツを千切りにする。大根を面取りする。お玉で味見をする。その間だけはわたしのからだのまわりに薄い虹色の膜のようなものが出来て、それがわたしを守ってくれるような、そんな心地がする。そうして出来た食事を摂った夜に原稿に向かうと、また薄い虹色の膜のようなものがわたしを包んで、次の文章を呼んできてくれるような気がする。文章を書くことも菜箸を持つことも、わたしがわたしを取り戻すために必要な行為なのだと、改めてそう思う。

「この前」と話し出すとき、この前だと思っていることが、もう六年も前だったりする。若く、両目の瞳の奥にひとつずつ真っ赤な炎を燃やし続けていたような日々もあったけれど、その日々に戻ることはもうない。いまはおだやかに晴れた日の川面のように青い炎で、毎朝湯を沸かしている。たくさん水を入れた鍋に菜箸を差しこんでかき混ぜるとき、いつも船を漕いでいるような気持ちになる。この厨から、できるだけ遠くの岸へたどり着いてみたい。時折かつての自分が建てたいくつかの灯台を通り過ぎながら。

令和五年三月二十四日

黄色い三日月と金星の見える夜に

初出

「カリカリ梅」
「即席オニオンスープ」
「迷ったら炒飯」
「ミニトマト」
「さくらんぼ」
「トルネードポテト」
「じゃがいもの味噌汁」
「瓶ウニ」
「てのひらで切る」
「手巻きシーザーサラダ」
「もずく酢のサラダ」
「桃を煮るひと」
「焦げちゃった」
「ねずみおにぎり」
「はんぺんを探して」
「安納芋と金木犀」
「どらやきの女」
「夕餉の柿」
「梨になったら冬」
「小鳥と虎落笛」
「あのファミチキ」
「ここが八分目」
「ぶどうあじあじ」
「たくあんじゃんけん」
「あざらん」
「くるみ餅」

——日本経済新聞「プロムナード」二〇二二年七月～十二月をもとに加筆修正

「んめとごだけ、け」

——暮しの手帖社『暮しの手帖』二〇二一年八－九月号

ほかは書き下ろしです。

くどうれいん

作家。一九九四年生まれ。岩手県盛岡市出身・在住。著書に、『わたしを空腹にしないほうがいい』(BOOKNERD)、『うたうおばけ』(書肆侃侃房)、『水中で口笛』(左右社)、『氷柱の声』『虎のたましい人魚の涙』(以上、講談社)、『プンスカジャム』(福音館書店)、『あんまりすてきだったから』(ほるぷ出版)がある。

桃を煮るひと

二〇二三年六月二十四日　初版第一刷発行
二〇二四年十月一日　初版第七刷発行

著者　くどうれいん

発行者　三島邦弘
発行所　株式会社ミシマ社
郵便番号　一五二-〇〇三五
東京都目黒区自由が丘二-六-一三
電話　〇三-三七二四-五六一六
FAX　〇三-三七二四-五六一八
e-mail　hatena@mishimasha.com
URL　http://www.mishimasha.com/
振替　〇〇一六〇-一-三七二九七六

装丁　脇田あすか
挿絵　山﨑愛彦
印刷・製本　株式会社シナノ
組版　有限会社エヴリ・シンク

ISBN 978-4-909394-88-0